Building Platforms

OLIVER HASEMANN, DANIEL SCHNIER, ANNE ANGENENDT,
SARAH OSSWALD – ZZZ ZWISCHENZEITZENTRALE BREMEN

jovis

INHALT
Contents

7   Zwischennutzungen in Bremen als »Multitalent« der Stadtentwicklung
10 *Temporary Use Projects in Bremen as Urban Development "All-Rounders"*

1

15 **Zwischennutzung in Bremen - Vom Experiment zum Regelfall**
    Temporary Use Projects in Bremen–From Experiment to the Rule

16 Zwischennutzung als strategisches Instrument der Stadtentwicklung in Bremen
25 *Temporary Use as a Strategic Instrument for Urban Development in Bremen*

32 Die ZwischenZeitZentrale Bremen als Erfolgsmodell
48 *The ZwischenZeitZentrale Bremen as a Model of Success*

56 Ablauf von Zwischennutzungen - Projektarbeit von innen
66 *The Processes of Temporary Use Projects–Project Work from the Inside*

2

69 **Etablierung von Zwischennutzung als Instrument in der Stadtentwicklung**
    Establishing Temporary Use Projects as an Urban Development Instrument

70 Neue RaumagentInnen und die Rolle des Informellen in der Stadtentwicklung
85 *New Spatial Agents and the Role of Informality in Urban Development*

91 Verstetigung von Zwischennutzungen in der alltäglichen Praxis
103 *The Stabilization of Temporary Use Projects in Everyday Practice*

110 Zwangsläufige Nutzungskonflikte bei Innovationsprozessen - wie können Zwischennutzungen hier helfen?
124 *Unavoidable Use Conflicts during the Process of Innovation–How Can Temporary Use Projects Help?*

132 Von Bremen nach Europa - Im- und Export guter Ideen
156 *From Bremen to Europe–The Import and Export of Good Ideas*

3

165 Übertragungspotenzial von Zwischennutzungen auf aktuelle gesellschaftliche Herausforderungen
Using Temporary Use Projects to Address Current Social Challenges

166 ErfahrungsschätZZZe und Erfolgsfaktoren
178 *Treasure Troves of Experience and Success Factors*

184 Urbane Labore - Modelle für die Stadt von morgen
196 *Urban Laboratories—Models for the City of Tomorrow*

201 Haustüren und Zeitfenster zur gemeinschaftlichen Stadtgestaltung öffnen
210 *Opening Front Doors and Timeframes for Collective Urban Design*

ZZZ

217 Zwischennutzung in der Praxis
Temporary Use in Practice

218 Temporäre Projekte in Bremen zwischen 2012 und 2016
219 *Temporary Projects in Bremen between 2012 and 2016*

300 Das ZZZ-Team
301 *The ZZZ-Team*

302 Impressum
Imprint

Zwischennutzungen in Bremen als »Multitalent« der Stadtentwicklung

Als vom Strukturwandel stark betroffene Stadt nutzt Bremen das Instrument der Zwischennutzungen seit nunmehr fast neun Jahren. Seitdem haben die ZZZ ZwischenZeitZentrale Bremen – und ihre Vorgänger, die LANDLOTSEN – eine Reihe leer stehender Gebäude wiedergenutzt, bespielt oder für längerfristige Nutzungsperspektiven qualifiziert sowie zahlreiche Brachflächen und ungenutzte Standorte reaktiviert und profiliert. Neben der Unterstützung von standortökonomischen und immobilienwirtschaftlichen Zielen hat sich dabei in den letzten Jahren gezeigt, dass Zwischennutzungen auch ein effektives Instrument sind, um quartiersbezogene Umstrukturierungs- und Stadterneuerungsprozesse zu flankieren und Experimentier- und Freiräume für Unternehmen der Kultur- und Kreativwirtschaft sowie niederschwellige Existenzgründungsvorhaben zu schaffen. In diesem Sinne sind Zwischennutzungen zwar ein kleines und flankierendes, gleichwohl aber auch ein sehr vielseitiges Instrument, mit dem wir in Bremen flexibel auf verschiedene Herausforderungen der Stadt- und Standortentwicklung reagieren können.

Als »Multitalent« der Stadtentwicklung will Bremen mit der ZZZ auch in den nächsten Jahren – im Kleinen und modellhaft – Lösungswege und Ideen für die Zukunft einer modernen Stadtgesellschaft aufzeigen und das Erfolgsmodell Zwischennutzungen weiterentwickeln. Hierfür steht beispielhaft der Begriff der Urbanen Labore, mit denen experimentelle und multifunktionale Möglichkeitsräume geschaffen werden sollen, in denen die ZZZ künftig ergebnisoffen nach unkonventionellen Antworten für die anstehenden, nicht nur arbeitsmarktbezogenen Integrationsaufgaben für geflüchtete Menschen suchen will.

Mit Beschluss der politischen Gremien hat sich die Stadt Bremen im Mai 2016 dazu entschieden, das Thema Zwischennutzungen weiterhin gezielt mit dem Instrument einer Zwischennutzungsagentur zu fördern und auf Basis einer breiten partnerschaftlichen Einbindung vieler verschiedener AkteurInnen[1] der Stadtentwicklung zu begleiten.

Vor diesem Hintergrund freue ich mich sehr, dass mit dieser Dokumentation ein Rückblick auf die Arbeit der ZwischenZeitZentrale Bremen in den letzten vier Jahren vorliegt, in dem sie nicht nur Einsichten in ihre spannenden und inspirierenden Zwischennutzungsprojekte gibt und darlegt, dass sie ihre Ideen auch europaweit »exportiert«, sondern auch Ansätze aufzeigt, wie das Instrument der Zwischennutzungen künftig auf andere Felder der Stadtentwicklung übertragen werden könnte.

Martin Günthner
Senator für Wirtschaft, Arbeit und Häfen

---

1 Aus Gründen der Lesegewohnheiten verwenden wir das Binnen-I.
Wir schließen ausdrücklich alle sozialen Geschlechter – Gender – ein.

UNVERKÄUFLICH
Bürgerstiftung Duisburg

Hallo
Hello

Martin Günthner – Senator für Wirtschaft, Arbeit und Häfen, Freie Hansestadt Bremen Martin Günthner—Senator for Economic Affairs, Labor and Ports, Free Hanseatic City of Bremen © WFB / Frank Pusch

Temporary Use Projects in Bremen as Urban Development "All-Rounders"

As a city that has been seriously affected by structural change, Bremen has been employing temporary use projects for nearly nine years now. The ZwischenZeitZentrale Bremen (ZZZ) and its "predecessors," the LANDLOTSEN, have repurposed a number of vacant buildings, temporarily turned them into venues, or qualified them for long-term use; they have also reactivated and repositioned numerous brownfields and unused sites. In addition to supporting locational and real estate objectives, in recent years temporary use projects have also been shown to be an effective instrument to supplement district-related restructuring and urban renewal processes. In addition, temporary use projects create experimental and self-designed spaces which are both attractive for cultural and creative industries and additionally offer a low-threshold starting point for start-up projects. Despite their small and supplementary nature, temporary use projects are a multifaceted instrument with which we can flexibly react to various urban and site development challenges in Bremen.

Bremen, in cooperation with the ZZZ, will continue to develop the successful concept of temporary use projects, in particular small and exemplary ones, in the coming years. These projects will demonstrate this urban development "all-rounder's" potential vis a vis solutions and ideas for the future of modern urban society. This is exemplified by the concept of the urban laboratory. Experimental and multifunctional spaces will be created in which the ZZZ can, without a particular outcome in mind, look for unconventional answers for pertinent questions associated with the integration of refugees into all walks of life, including but not limited to the labor market.

In May 2016, as marked by the decision of its political committees, the City of Bremen resolved to continue to specifically promote temporary use projects. It will work towards this goal through a temporary use agency and by engaging a large variety of players in urban development on a partnership basis.

Against this backdrop, I am delighted to present this publication, which documents the work of the ZwischenZeitZentrale Bremen over the course of the past four years. It not only provides insight into the ZZZ's exciting and inspiring temporary use projects and demonstrates that the ZZZ has "exported" its ideas throughout Europe, but also points out how temporary use projects may be able to be applied to other areas of urban development in the future.

Martin Günthner
Senator for Economic Affairs,
Labor and Ports

Temporary Use Projects in Bremen
as Urban Development "All-Rounders"

11

Schlafende Häuser

zzZ

Rouse
Buildings
from
Their Slumber

and Kiss

Spaces
of Possibility
Awake

wecken

und Möglichkeits-
räume

wachküssen

14

**ZWISCHENNUTZUNG IN BREMEN
– VOM EXPERIMENT ZUM REGELFALL**
Seit mittlerweile neun Jahren nutzt die Stadt Bremen Zwischennutzungen systematisch, um leer stehende Gebäude zu reaktivieren, zu bespielen oder für längerfristige Nutzungsperspektiven zu qualifizieren. Der Erfolg liegt im konzeptuellen Aufbau und in der engagierten Umsetzung begründet. Jede Zwischennutzung verläuft anders und stellt die AkteurInnen vor individuelle Herausforderungen.

TEMPORARY USE PROJECTS IN BREMEN
–FROM EXPERIMENT TO THE RULE
For nine years, the City of Bremen has been systematically using temporary use projects to reactivate vacant buildings or to qualify them for longer-term use perspectives. The success of these projects is based on their conceptual structure and committed implementation. Each temporary use project proceeds differently and presents actors with individual challenges.

Zwischennutzung als strategisches Instrument der Stadtentwicklung in Bremen
Jan Casper-Damberg

Seit mittlerweile neun Jahren nutzt die Stadt Bremen Zwischennutzungen systematisch, um leer stehende Gebäude zu reaktivieren, zu bespielen oder für längerfristige Nutzungsperspektiven zu qualifizieren. Leerstände werden temporär für gesellschaftliche Themen der Stadtentwicklung zugunsten der BürgerInnen der Stadt Bremen geöffnet. Mit ihrem relativ geringen Budget ist die ZZZ ZwischenZeitZentrale Bremen ein sehr vielseitiges Instrument, mit dem der Stadtentwicklungsprozess in Bremen strategisch flankiert und Perspektiven für Orte in der Stadt aufgezeigt werden können, die in der Folge des wirtschaftlichen Strukturwandels ihre bisherige Funktion verloren haben. Gerade in einer Stadt wie Bremen, in der sich die Auswirkungen des Strukturwandels baulich und räumlich ausprägen, ist die ZZZ damit ein Instrument, das eine vergleichsweise große, öffentlichkeitswirksame Hebelwirkung hat.

Von den LANDLOTSEN zur ZZZ

Unter dem Eindruck der sich wandelnden Industrieproduktion und insbesondere des Strukturwandels in der Hafenwirtschaft ergaben sich in Bremen ab Ende des 20. Jahrhunderts verstärkt Konversions- und Brachflächen im gesamten Stadtgebiet, die auf keine reguläre Nachnutzung trafen. Die herkömmlichen Instrumente zur Wiederverwendung dieser Flächen griffen nicht oder waren aufgrund knapper öffentlicher Kassen und einer zu geringen Marktdynamik nicht umsetzbar. Gleichzeitig entwickelte sich in der Stadt eine wachsende Nachfrage nach vergünstigten Räumen für kulturelle und kreative Aktivitäten. So wurde beispielsweise der ehemalige Güterbahnhof in der Nähe des Bremer Hauptbahnhofs seit 1997 als zentraler Ort von KünstlerInnen und Kulturschaffenden mit Ateliers und Proberäumen, Galerien und Veranstaltungsräumen[1] organisiert. In diesen und vielen weiteren Projekten zeigte sich der Wille der BremerInnen, sich selbst in die Entwicklung der Stadt einzubringen. Sich diesem Prinzip formal aus Sicht der Stadt zu nähern und gleichzeitig Ideen für die Leerstände zu erproben, war der Auslöser, in Bremen eine Zwischennutzungsagentur ins Leben zu rufen.

Dies geschah Mitte 2007 zuerst im Rahmen der Entwicklung der ehemaligen Hafenareale im Bremer Stadtgebiet zur neuen Überseestadt. Auf diesem begrenzten Areal, das von den alten Speicher- und Lagergebäuden und Eisenbahnbrachen geprägt war, wurde die Zwischennutzungsagentur LANDLOTSEN ins Leben gerufen, die zwischen 2007 und 2009 als Ansprechpartnerin für Zwischennutzungen Projekte betreute. Aufbauend auf diesen Erfahrungen, erfolgte 2009 mit der Bewerbung Bremens für ein Pilotprojekt der Nationalen Stadtentwicklungspolitik des Bundesministeriums für Verkehr, Bau und Stadtentwicklung und des Bundesinstituts für Bau-, Stadt- und Raumforschung die Ausdehnung dieses Feldversuchs von der Überseestadt auf das gesamte Bremer Stadtgebiet – und damit die Einrichtung der ZwischenZeitZentrale Bremen.

Zielsetzung der ZZZ

Grundlage für die Festlegung von Zielen für die ZZZ bildeten die Erfahrungen im Umgang mit Problemstellungen, für die es bislang keine adäquaten Lösungsstrategien gab, zum Beispiel der Umgang mit städtischen Bestandsimmobilien ohne geeignete Anschlussnutzung oder die Möglichkeit eines zeitnahen Verkaufs und die

1 http://www.ga-bremen.de

Leerstand in öffentlichem Eigentum: ehemalige Bremer Wollkämmerei (BWK)
Publically-owned vacant building: The former Bremer Wollkämmerei (BWK) wool-carding factory
© Daniel Schnier

Feststellung, dass viele kurzfristige Projekte aufgrund unklarer Abstimmungsprozesse zwischen den Ressorts nur sehr umständlich genehmigt werden konnten. Mit der ZZZ sollten diese verschiedenen Ziele modellhaft angegangen werden, um für die weitere Entwicklung Lösungsstrategien aufzuzeigen, die dann immer wieder genutzt werden konnten. In den Ausschreibungsunterlagen wurden folgende Zielvorgaben für die ZZZ beschrieben:

ZIELE 2009 – 2012
Verbesserung von Abstimmungs- und Entscheidungsprozessen zwischen den einzelnen Ressorts der Stadt Bremen und Implementierung dieser neuen Ansätze in die Verwaltungsroutinen.
Städtebauliche Aufwertung und Reaktivierung vakanter Räume durch Zwischennutzungen als strategischer Planungsansatz der Stadtentwicklung und Wirtschaftsförderung.
Erprobung neuer Formen koordinierter Zusammenarbeit privatwirtschaftlicher und öffentlicher AkteurInnen im Bereich temporärer Nutzungen.
Kostenreduzierung der laufenden Betriebs- und Instandhaltungskosten städtischer Immobilien durch Zwischennutzung.

ZIELE 2012 – 2016
Städtebauliche Aufwertung und Reaktivierung brachliegender Flächen und Sicherung erhaltenswerter leer stehender Gebäude durch Zwischennutzung als strategischer Planungsansatz der Stadtentwicklung und Wirtschaftsförderung.
Stärkung und Unterstützung der Kultur- und Kreativwirtschaft durch das Angebot geeigneter Räumlichkeiten zur Zwischennutzung.
Kostenreduzierung der laufenden Betriebs- und Instandhaltungskosten städtischer Immobilien durch Zwischennutzung.

In der Umsetzung wurden diese übergeordneten Ziele durch die individuellen Intentionen der beteiligten Ressorts ergänzt. Gleichzeitig unterlag die Arbeit der ZZZ einer Anpassung an die tatsächlich realisierbaren Projekte und die vorhandenen NachfragerInnen des Angebots Zwischennutzung. Hier zeigte sich sehr schnell, dass es in den peripheren Stadtgebieten einer gezielten Ansprache von NutzerInnen gemeinsam mit PartnerInnen vor Ort beziehungsweise der Initiierung von Projekten in Eigenregie bedarf, während NutzerInnen von Leerständen im zentrumsnahen Bereich meist lediglich einer Unterstützung in Vertrags-, Genehmigungs- und Zustandsfragen bedurften, um dann weiter eigenständig zu handeln. Die Nachfrage nach Räumen stammte vor allem aus dem Bereich der Kultur- und Kreativwirtschaft, sodass die Ansprache dieser NutzerInnengruppe auch als Zielvorgabe im Rahmen der Verlängerung der ZZZ 2012 definiert wurde.

Bilanz der ZZZ

Mit Blick auf die Realisierung der immobilienwirtschaftlichen Ziele kann anhand einer Vielzahl von Projekten konstatiert werden, dass das Prinzip Zwischennutzung funktioniert. So wurden, je nach Ausrichtung und Dauer des Nutzungskonzeptes, in der Regel die laufenden Betriebskosten durch die NutzerInnen getragen, was zu Einsparungen auf der EigentümerInnenseite führte. Längerfristige Nutzungen führten darüber hinaus oftmals zur Auflösung von Reparaturstaus in den Immobilien; auch durch kurzfristigere Zwischennutzungen wurde der Zustand von Leerständen aufgewertet, indem zum Beispiel aufgeräumt und kleine Reparaturen ausgeführt wurden. Grundsätzlich wurden durch die Zwischennutzung für bestimmte Immobilien häufig Genehmigungsfragen erstmals geklärt und Perspektiven erprobt, ob und wie sich neue Nutzungsformen in den Gebäuden etablieren können. Über die Öffentlichkeitsarbeit der ZZZ rückten zudem lang vergessene Objekte in den Fokus der Öffentlichkeit und wurden wieder attraktiv.

Darüber hinaus hat sich gezeigt, dass Zwischennutzungen weitreichendere Impulse in den jeweiligen Stadtteil hineintragen können: Bei einer Vielzahl von Zwischennutzungsprojekten in den letzten vier Jahren ist deutlich geworden, dass temporäre Projekte BesucherInnen auch in periphere und vom Strukturwandel und von Maßnahmen der Stadterneuerung betroffene Quartiere ziehen, die hier ansonsten eher nicht anzutreffen sind. Zudem brachten diese Projekte neue Ideen, Nutzungen und soziokulturelle Angebote in die Stadtteile (zum Beispiel Blumenthal, Burg, Huckelriede, Woltmershausen), die in dieser Form hier vorher nicht bekannt waren. Insgesamt bestätigt die Arbeit der ZZZ, dass Zwischennutzungen in Stadterneuerungsgebieten ein wichtiger Teil integrierter Gesamtstrategien zur Aufwertung der Quartiere sind, der Aufmerksamkeit erregt, Publikum von außerhalb in die Quartiere holt, Möglichkeiten zur Teilhabe im Quartier initiiert und somit die Regelprogramme der Städtebauförderung (Soziale Stadt, Stadtumbau) hervorragend flankieren kann.

Auch mit Blick auf die avisierten Ziele der Wirtschaftsförderung konnten die Projekte der ZZZ voll überzeugen. Die temporäre Nutzung von Räumen ist oftmals mit günstigen Mieten verbunden, die GründerInnen im wörtlichen Sinn »den Freiraum« geben, ohne großes finanzielles Risiko an ihren Ideen zu arbeiten und niedrigschwellige Gründungsprojekte zu wagen. Im Kern werden hierdurch GründerInnen und AkteurInnen der Kultur- und Kreativwirtschaft angesprochen, denn gerade diese wollen keine vorgefertigten Lösungen, sondern Mitsprache, flexible Räume und Gestaltungsmöglichkeiten. Aus Projekten wie der PLANTAGE 9 in Findorff, der ABFERTIGUNG in der Überseestadt, dem LLOYDHOF in der Innenstadt oder dem WURST CASE in Hemelingen haben sich für viele

NutzerInnen mittlerweile längerfristige berufliche Perspektiven eröffnet, die ihnen ohne die Zwischennutzung – also das niedrigschwellige Angebot von Experimentierräumen – nicht offen gestanden hätten. Die Kosten der öffentlichen Hand waren dabei sehr überschaubar. Häufig reichte es, die Räume zu öffnen und zur Verfügung zu stellen und mit Expertise unbürokratisch zur Seite zu stehen; die weitere Gestaltung und Herrichtung erfolgte durch die NutzerInnen.

Durch die Unterstützung von GründerInnengeist, Kreativität und Eigeninitiative sind Zwischennutzungen in diesem Sinne nicht nur eine besondere Form der Gründungs- und Wirtschaftsförderung, sondern Bestandteil eines neuen Phänomens von Großstadtgesellschaften geworden, das in der aktuellen Stadtforschungsdebatte unter den Schlagworten »DIY-Urbanismus« und »nutzergetragene Stadtentwicklung«[2] diskutiert wird. Durch die Organisation von Zwischennutzungen konnte auch Bremen verstärkt von diesem Trend profitieren und sich dabei als offene und zukunftsfähige Großstadt mit einem hohen Maß an Eigeninitiative und kreativen Ideen zeigen. Richtigerweise spielen Zwischennutzungen vor diesem Hintergrund eine zentrale Rolle im Rahmen der »Wachstumsstrategie zur Stärkung der Kreativwirtschaft«[3] des Landes Bremen.

In diesem Sinne hat sich die ZZZ in den letzten Jahren auch als ein wichtiges und niedrigschwelliges Instrument erwiesen, durch das die städtische Verwaltung anschlussfähig an solche Bevölkerungs- und NutzerInnengruppen wird, die kreative und unkonventionelle

---

2   Siehe zum Beispiel Overmeyer, Klaus: »Von Raumpionieren zu Raumunternehmen – Strategien eines nutzergetragenen Städtebaus«. In: Architektur im Kontext. Berlin 2014
3   Siehe Vorlage Nr. 19-073/L für die Sitzung der Deputation für Wirtschaft, Arbeit und Häfen am 10.02.2016.

Leerstand in privatem Besitz: Stadtvilla im Bremer Stadtteil Horn-Lehe
Privately-owned vacant building: Urban villa in the Horn-Lehe district of Bremen
© Daniel Schnier

Ideen verfolgen. Denn diese können mit den herkömmlichen, administrativ gesteuerten Aktivierungs- und Beteiligungsprozessen einer Stadtverwaltung in der Regel kaum erreicht, durch Zwischennutzungen aber entdeckt und angesprochen werden.

Abschließend ist festzuhalten, dass die ZZZ eine bundes- und europaweite Reputation aufbauen und die erfolgreichen Ansätze aus Bremen vor einer interessierten Fachöffentlichkeit präsentieren konnte. Obwohl Zwischennutzungsagenturen nun in vielen deutschen Städten von der öffentlichen Hand getragen werden, ist die ZZZ die einzige Zwischennutzungsagentur in Deutschland, die ressortübergreifend unterstützt wird und die für das gesamte Stadtgebiet und für alle Nutzungsanfragen offen ist.

JAN CASPER-DAMBERG
(*1976) lebt in Bremen und hat an der Universität Dortmund Raumplanung studiert. Nach seinem Studium arbeitete er in einem privaten Planungsbüro mit dem Schwerpunkt regionale Wirtschaftsstrukturentwicklung, bevor er 2012 zum Senator für Wirtschaft, Arbeit und Häfen wechselte. Hier ist er seit 2015 Referent für Stadtentwicklung und Gewerbeplanung und in diesem Zusammenhang Mitglied in der Lenkungsgruppe der ZwischenZeitZentrale.

Temporary Use as a Strategic Instrument for Urban Development in Bremen
Jan Casper-Damberg

For nine years, the City of Bremen has been systematically using temporary use projects to reactivate vacant buildings or to qualify them for longer-term use perspectives. Vacant structures are temporarily opened for social topics related to urban development for the benefit of the citizens of Bremen. With its relatively small budget, the ZwischenZeitZentrale Bremen (ZZZ) is a very versatile instrument that strategically flanks the urban development process in Bremen. Through the work of the ZZZ, perspectives can be identified for sites in the city which have lost their previous role as the result of economic structural change. In a city such as Bremen, in which the effects of structural change are both architecturally and spatially palpable, the ZZZ is thus an instrument that has comparatively substantial, high-profile leverage.

From the LANDLOTSEN to the ZZZ
In the context of changing industrial production and, in particular, the structural change in the port industry, beginning in the late twentieth century there was an increase in the number of conversion areas and vacant lots in the metropolitan area which did not experience normal reuse. The conventional instruments for the reuse of these areas did not take hold or were not realizable due to a shortage of public funds and too little market momentum. At the same time, growing demand developed in the city for low-priced spaces for cultural and creative activities.

The former freight yard near Bremen's main station, for example, has been a central site for artists and cultural professionals since 1997, housing studios, rehearsal rooms, galleries and event spaces.[1] The citizens of Bremen demonstrated their self-determination to become involved in the city's development in these and numerous other projects. Bremen wanted to formally approach this principle from the point of view of the city and simultaneously explore ideas for vacancies; thus the idea to initiate a temporary usage agency in Bremen was born.

This occurred in mid-2007, within the scope of the development of Bremen's former port areas into the new Überseestadt. On this location, which was characterized by old warehouses and railroad brownfields, the temporary usage agency LANDLOTSEN was created; between 2007 and 2009, the LANDLOTSEN served as the main contact point for temporary use projects. Based on this experience, Bremen applied for a National Urban Development Policy pilot project with the Federal Ministry of Transport, Building, and Urban Development and the Federal Institute for Research on Building, Urban Affairs, and Spatial Development in 2009 in order to expand this experiment from the Überseestadt to Bremen's entire metropolitan area – and thus the ZwischenZeitZentrale Bremen was established.

1 http://www.ga-bremen.de

The Objectives of the ZZZ

The ZZZ's objectives were based on experience in dealing with problems for which there had hitherto been no adequate solution strategies. These problems included, for example, dealing with municipal portfolio properties for which there were neither suitable follow-up uses nor short-term sale potential, and the observation that, due to the unclear coordination processes between individual departments, numerous short-term projects could only be authorized via a very cumbersome procedure. The ZZZ took a novel approach to these various objectives in order to point out solution strategies for further development which could then be used again and again.

The following objectives for the ZZZ were described in the tender documents:

OBJECTIVES 2009-2012

Improvement of coordination and decision-making processes between the individual departments of the City of Bremen and the implementation of these new approaches in administrative routines.

Valorization and reactivation of vacant spaces by means of temporary use projects as a strategic planning approach to urban development and economic promotion.

Testing new forms of coordinated cooperation between commercial and public players in the area of temporary use projects.

Reduction of municipal properties' ongoing operating and maintenance costs through temporary use projects.

OBJECTIVES 2012-2016

Valorization and reactivation of vacant spaces by means of temporary use projects as a strategic planning approach to urban development and economic promotion.

Strengthening and supporting the cultural and creative economy by making suitable premises available for temporary use projects.

Reduction of municipal properties' ongoing operating and maintenance costs through temporary use projects.

Ungenutzte Büroetage in Bremen-Hastedt
Unused office suite in the Hastedt district of Bremen © Daniel Schnier

In their implementation, these overriding objectives were supplemented by the individual intentions of the participating departments. At the same time, the ZZZ's work had to be adapted to meet the differing needs of those who were looking for spaces for temporary use projects and the types of projects which could be effectively realized. It quickly became apparent, for example, that, in the outlying regions of the city, it was necessary to initiate autonomous projects or to join with local partners to address users directly. Users of vacant buildings near the downtown area, on the other hand, needed more support with questions concerning contracts, permits and status in order to then carry on independently. The demand for spaces stemmed above all from the cultural and creative industries; addressing this user group was therefore defined as an objective within the scope of the extension of the ZZZ in 2012.

Summary of the ZZZ Years

Based on a large number of projects, it can be stated that temporary use projects are effective in the realization of real estate-related goals. Depending on the focus and duration of the usage concept, the users usually bore the ongoing operating costs, which led to savings on the part of the owners. Furthermore, longer-term uses often led to an improvement in the properties' state of repair; even short-term temporary uses led to a valorization of vacant properties, for example by cleaning them up or performing small repairs. Through the temporary uses, permit issues could be clarified and perspectives for new use forms could be tested. Moreover, the ZZZ's public relations efforts shifted long-forgotten objects into the public focus, causing them to become attractive again.

In addition, it was shown that temporary use projects can bring wide-reaching momentum to the respective district: A large number of temporary use projects over the last four years have shown that temporary projects attract visitors to outlying districts which have been affected by structural change and urban renewal measures who otherwise would not have gone to these districts. Furthermore, these projects brought new ideas, uses and sociocultural offerings that were previously unknown in this form into these districts (e.g. Blumenthal, Burg, Huckelriede, Woltmershausen). All in all, the ZZZ's work confirms that temporary use projects in urban renewal areas are an important part of integrated overall strategies for district valorization; they attract attention, bring people from outside into the districts, initiate opportunities to participate in the district and thus can flank the standard programs for the promotion of urban development (Soziale Stadt, Stadtumbau (urban redevelopment)) outstandingly.

The ZZZ's projects also completely satisfied the economic promotion objectives. Temporary use projects are often associated with reasonable rents that literally give founders free space to work on their ideas and to risk low-threshold startups. These approaches speak to founders and cultural and creative professionals, as it is precisely these individuals who do not want ready-made solutions but who prefer flexible layouts, the possibility to co-design spaces, and the ability to actively participate in questions of spatial organization. The low-threshold availability of experimental spaces has also led to longer-term career perspectives for numerous users from temporary use projects such as PLANTAGE 9 in Findorff, the ABFERTIGUNG in Überseestadt, the LLOYDHOF in downtown Bremen, or the WURST CASE in Hemelingen, which otherwise would have not been open to them. The costs for the public sector were negligible. It often sufficed to make the spaces available and to provide unbureaucratic expert advice; the users took over from there.

Through the support of entrepreneurial spirit, creativity and individual initiative, temporary use projects are not just a special form of start-up and economic promotion but have become part of a new phenomenon in metropolitan societies that is being discussed in current urban research under the keywords "DIY urbanism" and "user-supported urban development."[2] Bremen was able to profit from this trend through the organization of temporary use projects, and simultaneously demonstrate that it is an open and sustainable major city with a high degree of individual initiative and creative ideas. Against this backdrop, temporary uses rightly play a central role in Bremen's "Growth Strategy for Strengthening the Creative Economy."[3]

Finally, in recent years, the ZZZ has proven itself to be an important and low-threshold instrument through which the compatibility between the municipal administration and user groups which pursue creative and unconventional ideas could be increased. These groups are normally hard to reach with conventional municipal activation and participation processes, however temporary use projects are one way to discover and address them.

The ZZZ has been able to establish a national and European reputation and present the successful approaches from Bremen to an interested professional public. Although temporary use agencies in numerous German cities now receive public funding, the ZZZ is the only temporary use agency in Germany that is supported cross-departmentally and is open for all types of use-related inquiries from the entire urban region.

JAN CASPER-DAMBERG

(*1976) lives in Bremen and studied spatial planning at the University of Dortmund. After completing his studies, he worked in a private planning office with a focus on regional economic structural development. In 2012, he switched to the Senator of Economic Affairs, Labor and Ports, where he has been the head of the division for urban development and commercial planning since 2015 and, in this context, a member of the ZwischenZeit-Zentrale's steering group.

---

2   See, e.g., Klaus Overmeyer, "Von Raumpionieren zu Raumunternehmen—Strategien eines nutzergetragenen Städtebaus," in Architektur im Kontext (Berlin, 2014).
3   See submission no. 19-073/L for the meeting of the Deputation of Economic Affairs, Labor and Ports on February 10, 2016.

TUTUR-ExpertInnen vor dem Bremer Stadtmodell
TUTUR experts in front of a model of Bremen © Daniel Schnier

Die ZwischenZeitZentrale Bremen als Erfolgsmodell

Der Erfolg der ZwischenZeitZentrale liegt in ihrem konzeptuellen Aufbau und ihrer engagierten Umsetzung begründet. Als Projekt von drei Ressorts der Stadt Bremen gefördert, gibt es mit der Lenkungsgruppe eine Schnittstelle in die Verwaltung, in der neue und fortlaufende Projektideen der ZZZ diskutiert werden. Diese dialogische Verbindung in die Verwaltung und zur Politik eröffnet einen stabilen (Möglichkeits-)Raum für Zwischennutzungsideen. Gleichzeitig ist die ZZZ in der Umsetzung ihrer Projektideen so frei und unkonventionell anpackend, dass sie als Ansprechpartnerin für viele NutzerInnen interessant ist, ohne bürokratische Hemmschwellen aufzubauen. Stattdessen unterstützt das Team durch Fachwissen und Kontakte zu den AnsprechpartnerInnen in der Verwaltung.

Haustüren und Zeitfenster öffnen

Haustüren und Zeitfenster öffnen – hinter diesem einfachen Konzept steckt ein komplexes Aufgabenspektrum, das eine Vielzahl von AkteurInnen verknüpft. Die Anforderungen sind entsprechend umfangreich: Die ZZZ spürt Leerstände auf, spricht InteressentInnen an, moderiert NutzerInnenkonstellationen, klärt rechtliche Fragen, holt Genehmigungen ein, kommuniziert die Nutzungskonzepte gegenüber Politik und Verwaltung, leistet Öffentlichkeitsarbeit, kalkuliert Kosten, wirbt zusätzliche Projektgelder ein und erarbeitet eigene Nutzungsideen. Nicht selten sind auch Materialtransporte, die eigene Muskelkraft und handwerkliche Expertise für den Umbau von Räumen gefragt. Für die öffentliche Akzeptanz und den Erfolg der Projekte ist es entscheidend, die Bedürfnisse aller Beteiligten zu verstehen und zwischen rechtlichen Vorgaben, kreativen Vorhaben und berechtigten Bedenken eine allgemein zufriedenstellende

Lösung zu verhandeln. Als Zentrale im Gesamtkomplex Zwischennutzung berät die ZZZ die NutzerInnen, verhandelt mit den EigentümerInnen, sammelt die Wünsche von Politik und Verwaltung ein, übersetzt zwischen diesen AkteurInnen und wirbt dafür, Projekte im vertrauensvollen Dialog zur Umsetzung zu bringen.

Die ZZZ sieht sich dabei an erster Stelle als Ermöglicherin von Projekten, die vorhandene Raumpotenziale mit vorhandenen Raumwünschen zusammenbringt. Die Zwischennutzung der Leerstände erfolgt als ergebnisoffenes Experiment, das auf niedrigem Niveau eine Erprobung erlaubt, die dann in eine Verstetigung übergehen kann. Die Zwischennutzung ist mehr als eine Lückenfüllerin und Ziel jeden Projekts ist es, eine langfristige Perspektive sowohl für die beteiligten NutzerInnen als auch die genutzten Objekte zu entwickeln.

FUNKTIONSSCHEMA VON ZWISCHENNUTZUNGEN IN BREMEN
Functional Schematic of Temporary Use Projects in Bremen

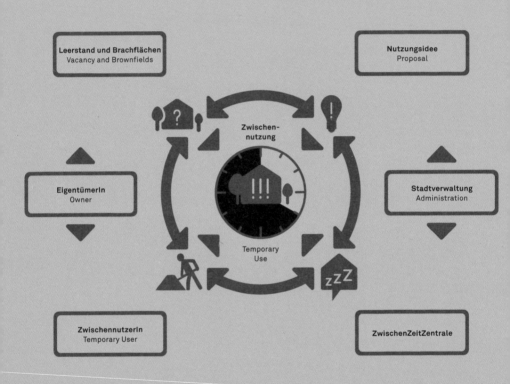

Institutionell und stadtgesellschaftlich verankert

Ein wichtiger Erfolgsfaktor für die ZZZ Bremen ist der organisatorische Rahmen des Projekts. Finanziert wird sie seit 2009 von drei Senatsressorts der Freien Hansestadt Bremen: dem Senator für Wirtschaft, Arbeit und Häfen, dem Senator für Umwelt, Bau und Verkehr und der Senatorin für Finanzen. Mit diesen verbunden sind die stadteigenen Betriebe Immobilien Bremen AöR und die Wirtschaftsförderung Bremen GmbH, die als VerwalterInnen der stadteigenen Liegenschaften wichtige AnsprechpartnerInnen sind. Als TrägerInnen des Projekts entsenden diese Ressorts VertreterInnen in die Lenkungsgruppe der ZZZ. Dieser Kreis wurde 2012 um eineN VertreterIn des Senators für Kultur ergänzt.

Die Beteiligung von vier Ressorts bedeutet unterschiedliche Erwartungen, Wünsche und Ansprüche an die Schwerpunktsetzungen in der Arbeit der ZZZ. Die Lenkungsgruppe ist das Gremium, in dem diese artikuliert werden und in dem der laufende Stand der Projekte diskutiert wird. In der Umsetzung der ZZZ hat sich das regelmäßige Forum der Lenkungsgruppe in den vergangenen Jahren als sehr erfolgreich erwiesen. Hier können im Dialog mit der ZZZ, die aus ihrer Praxis im Umgang mit den NutzerInnen und EigentümerInnen Einschätzungen geben kann, mit welchem Arbeitsaufwand und welchen Erfolgsaussichten unterschiedliche Ideen verbunden sein können, Prioritäten gesetzt werden. Die Fragen, die innerhalb des Gremiums aufkommen, können von den VertreterInnen in der Lenkungsgruppe in die jeweiligen Ressorts getragen und dort beantwortet werden. Umgekehrt werden Probleme, die bei der Umsetzung der Projekte in den Ressorts aufgetaucht sind, hier angesprochen, sodass die ZZZ gemeinsam mit den NutzerInnen an einer Umgestaltung ihrer Projekte arbeiten kann, um diese auszuräumen.

Der Wille, Zwischennutzungen möglichst vielfältig zu gestalten, äußert sich auch in der Einrichtung eines Beirats für die ZZZ. Dieser besteht aus den VertreterInnen fünf zwischennutzungsrelevanter Wirtschaftszweige, Fachverbände und Berufsgruppen und kann bei Bedarf erweitert werden. Momentan besteht der Beirat aus VertreterInnen von Haus & Grund e.V. (Verband der privaten Immobilieneigentümerinnen), dem bz.b – Bremer Zentrum für Baukultur, der Architektenkammer Bremen, der Gesellschaft für Stadtentwicklung (Planungsabteilung der stadteigenen Wohnungsbaugesellschaft GEWOBA) und dem Klub Dialog e.V. (Verband der Kultur- und Kreativwirtschaft in Bremen). Auf den halbjährlichen Beiratstreffen werden die Projektschwerpunkte besprochen, geplante Aktivitäten angekündigt und die Informationen schließlich in die betreffenden Institutionen weitergeleitet.

ORGANISATIONSSTRUKTUR DER ZZZ
Organizational Structure of the ZZZ

Senator für Wirtschaft, Arbeit und Häfen Senator of Economic Affairs, Labor and Ports	**Gesellschaft für Stadtentwicklung Bremen** Municipal Housing Company
Senator für Umwelt, Bau und Verkehr Senator for Environment, Urban Development and Mobility	**Haus und Grund Bremen** Owner Representation Bremen
Senatorin für Finanzen Senator for Finances	**Bremer Zentrum für Baukultur** Center of Built Environment Bremen
Senator für Kultur Senator of Culture	**Architektenkammer Bremen** Chamber of Architects Bremen
Immobilien Bremen Realestate Bremen	**Klub Dialog** Association for Cultural and Creative Industries
Wirtschaftsförderung Bremen Bremeninvest	

Lenkungsgruppe
Steering Group

S. Geßner (SWAH)
A. Jüngst (SUBV)
T. Lecke-Lopatta (SUBV)
A. Marti (SUBV)
R. Perplies (SK)
H.-G. Bruckhaus (IB)
J. Zernikow (WFB)

 Abstimmung Coordination

 Beratung Consultation

Beirat
Advisory Board

J. Ehmke (GfS)
B. Richter (Haus und Grund)
E. Syring (b.zb)
E. Mattfeld (Architektenkammer)
M. Weichenrieder (KD)

Zwischennutzungen aus Leidenschaft

Ein anderer wichtiger Faktor für die erfolgreiche Umsetzung ist das Team, das hinter der ZZZ steht. Mit dem Autonomen Architektur Atelier (AAA GmbH) und seinen KooperationspartnerInnen in den vergangenen Jahren sind dies AkteurInnen, die aus eigenen Erfahrungen in der Umsetzung von Zwischennutzungsprojekten schöpfen können. Zum AAA gehören Daniel Schnier (Dipl.-Ing. der Fachrichtung Architektur) und Oliver Hasemann (Dipl.-Ing. Fachrichtung Raumplanung). Seit 2006 veranstalten sie URBANE SPAZIERGÄNGE in Bremen und haben durch die Projekte SPROUTBAU[1] (2007), B.A.L.D. – Brache als lebendiges Dorf[2] (2008) und AUFAUF – Aufeinandertreffen Auf der Brache[3] (2009) vielfältige Erfahrungen mit der Initiierung und Begleitung temporärer Projekte in Bremen. Seit Oktober 2015 werden sie in ihrer Arbeit durch Anne Angenendt (M.A. Kunst- und Kulturvermittlung) unterstützt, die 2011 den Verein Kultur im Bunker e.V. mitbegründete, der seitdem einen ehemaligen Luftschutzbunker mit Kulturveranstaltungen für die Öffentlichkeit zugänglich macht. Seit 2009 kooperiert das AAA in der Umsetzung der ZZZ mit Sarah Oßwald (Dipl.-Geografin), Initiatorin und Mitbetreiberin des ersten innerstädtischen Campingplatzes in Berlin, TENTSTATION (2006–2011). In der ersten Phase der ZZZ (2009–2012) unterstützte Michael Ziehl (Dipl.-Ing. der Fachrichtung Architektur und M.Sc. in Stadtplanung), Mitbegründer der Initiative »Komm in die Gänge« in Hamburg, das Team der ZZZ.

Als aktive ZwischennutzerInnen bringen sie neben einem theoretischen Grundgerüst ein handfestes Praxiswissen und inspirierende Netzwerkerfahrungen mit. Ihre Erfahrungen erleichtern ihnen das

---

1 http://sproutbau.de
2 https://bald.blogger.de
3 https://aufauf.blogger.de

Initiieren von Zwischennutzungsprojekten und das Betreuen von angehenden, noch unerfahrenen ZwischennutzerInnen. Die Lust und der Wille, sich selbst in Projekten zu engagieren, ist eine wichtige Triebfeder, um Projekte zu starten, die aus einer rein vermittelnden Position am Schreibtisch nicht zu realisieren wären. Dies bringt es mit sich, dass Aufgaben zum Arbeitsalltag der ZZZ gehören, die für viele Planungsbüros nicht vorstellbar sind und dass die ZZZ Haftungsrisiken übernimmt, um Gebäude zugänglich zu machen, wenn diese von den NutzerInnen nicht übernommen werden können. Dass die ZZZ selbst auch Projekte initiiert und umsetzt, rückt sie näher an die AkteurInnen, die sich mit ihren Fragen und Problemen verstanden fühlen, und lässt sie zu einer Akteurin im Netzwerk mit vielen anderen werden. Gleichzeitig verstehen die Beteiligten der ZZZ die Vorgehensweisen von städtischer Verwaltung und privaten EigentümerInnen von Leerständen und können den ZwischennutzerInnen diese häufig unverständlich erscheinenden Prozesse erklären.

Mit kleinen Summen viel bewegen

Schließlich verfügt die ZZZ über einen Projektmitteletat. Im Projektzeitraum 2012–2016 hatte dieser ein Volumen von 120 000 Euro. Aus dem Etat wurden Gelder zur Unterstützung von 31 Projekten vergeben, die laufenden Kosten zur Öffentlichkeitsarbeit und Dokumentation der ZZZ bestritten und Veranstaltungen zum Thema Zwischennutzung organisiert. Gefördert wurde eine Vielzahl an AkteurInnen mit unterschiedlichsten Projekten in allen Bremer Stadtteilen: Die Tanztheateraufführungen in einem leer stehenden Tabakspeicher wurden ebenso unterstützt, wie das Mitmachprojekt von GraffitikünstlerInnen und Jugendlichen im benachteiligten Stadtteil Bremen-Lüssum oder die Zwischennutzung von Ladeneinheiten in der ehemaligen Einkaufspassage LLOYDHOF in der Bremer Innenstadt. Entschieden wird über die Vergabe der Gelder in der Lenkungsgruppe der ZZZ. Voraussetzung für die Förderung ist neben dem Zwischennutzungscharakter des beantragten Projekts, dass es weiterreichende Effekte hat: beispielsweise das Anstoßen von Projekten in Stadtquartieren mit Stadterneuerungsbedarf, die nachhaltige Öffnung von Gebäuden für weiterlaufende Zwischennutzungen oder die Unterstützung experimenteller Kollaborationen. Die Antragsstellung verläuft dabei relativ unbürokratisch: Die Projektverantwortlichen stellen einen formlosen Projektmittelantrag bei der ZZZ, dieser wird gemeinsam mit der Lenkungsgruppe besprochen und dann beschieden. Andere Mittelbedarfe werden von der ZZZ selbst in die Lenkungsgruppe eingebracht, wenn es zum Beispiel um die Bestellung von Gutachten für die Statik oder den Brandschutz von Leerstandsobjekten geht. Mit diesen überschaubaren Mitteln – die einzelnen Projekte werden mit jeweils maximal 3 000 Euro gefördert, viele benötigen aber weniger oder gar keine finanzielle Unterstützung – können häufig schon die Ausgaben bestritten werden, die notwendig sind, um ein Projekt zu starten. Die Zusicherung von Mitteln ist zudem Basis, um weitere Fördermittel (Drittmittel) zu akquirieren. Die Kleinteiligkeit der Mittelvergabe spiegelt den Wunsch wider, möglichst viele AkteurInnen und Gemeinschaftsprojekte zu unterstützen und zu fördern, aus denen weitere Ideen entwickelt und neue NutzerInnen ermutigt und unterstützt werden können.

Ideen befördern und Zwischennutzungen ermöglichen

Die ZZZ ist die erste Ansprechpartnerin für Menschen mit losen Ideen im Kopf oder mit einem Businessplan in der Hand, die auf der Suche nach Räumen für die Umsetzung sind. Sie hat ebenso offene Ohren für die Ansprüche von Start-up-GründerInnen wie für die Raumgesuche von Kultur- und Sozialeinrichtungen oder die Festivalpläne subkultureller Kollektive. Die Kontaktaufnahme kann per

Telefon oder online erfolgen, häufig funktioniert sie aber auch über den persönlichen Kontakt auf einer Veranstaltung oder auf offener Straße. Dieser folgt dann eine Ideenskizze oder, falls bereits vorhanden, ein ausformuliertes Konzept der zukünftigen ZwischennutzerInnen per Mail und die Einladung zu einem Treffen im Büro der ZZZ. Hier werden die Ideen und erste Vorschläge für die Umsetzung und für mögliche Orte durchgesprochen. Das persönliche Kennenlernen dient dazu, die Motivation und den Hintergrund der ZwischennutzerInnen kennenzulernen, da Zwischennutzungen ein großes Vertrauen zwischen den Projektverantwortlichen, den EigentümerInnen, der ZZZ und der bremischen Verwaltung sowie enge Absprachen voraussetzen.

Das Büro der ZZZ bildet für diese Treffen die ideale Kulisse. Momentan befindet es sich im vierten Stock der Verwaltung einer ehemaligen Wurstwarenfabrik in Bremen-Hemelingen. Seit dem 1. April 2015 haben hier, initiiert von der ZZZ, über 50 GestalterInnen, KünstlerInnen, MusikerInnen, FilmemacherInnen und andere Freischaffende ihren Arbeitsraum gefunden und bilden die kreative Nutzungsgemeinschaft im WURST CASE. Dieses Büro in einem durch Zwischennutzung belebten Leerstand bietet einen inspirierenden und informierenden Ort für angehende ZwischennutzerInnen. Das Ambiente vermittelt ein direktes Gefühl dafür, welche Herausforderungen auf die künftigen ZwischennutzerInnen zukommen und wie diese bewerkstelligt werden können. Einige AnfragerInnen können gleich hier ihre Raumwünsche umsetzen und ein Büro oder ein Atelier im WURST CASE beziehen.

Vor Ort: Besichtigung des Tabak-Speicher IX in Bremen-Woltmershausen
On-site inspection of tobacco warehouse IX in the Woltmershausen district of Bremen
© Daniel Schnier

Der Start in die individuelle Zwischennutzung beginnt mit der Besichtigung eines Leerstandes. Die ZZZ wird von EigentümerInnen angesprochen oder hat diese angesprochen, weil sie auf einen Leerstand aufmerksam geworden ist, und vereinbart einen Besichtigungstermin. Hier wird der Zustand des Gebäudes festgestellt, die möglichen Nutzungskonditionen werden verhandelt und gemeinsam mit den EigentümerInnen werden erste Nutzungsideen entwickelt. In Absprache mit den EigentümerInnen werden dann die InteressentInnen durch die möglichen Räume geführt und können eigene Ideen für das Gebäude entwickeln oder die konzipierten Projektvorhaben in den Räumen umsetzen. Die Besichtigung findet häufig mit mehreren InteressentInnen statt und besitzt einen Event-Charakter: Die NutzerInnen können sich von den Räumlichkeiten inspirieren lassen und möglicherweise erste Kollaborationen mit anderen InteressentInnen eingehen. Der stadträumliche Fokus der Arbeit der ZZZ liegt insbesondere auf Stadtquartieren und auf Objekten, die nicht ohne Weiteres durch Eigeninitiative in eine neue Nutzung kommen. Die Besichtigung dient daher nicht nur dem Abstecken der eigenen Räume, sondern sie führt Raumsuchenden die Möglichkeit einer Nutzung in spannenden Leerständen außerhalb der hippen Innenstadtquartiere als realistische Alternative vor Augen.

In der Begleitung der Zwischennutzungsprojekte besteht die Arbeit der ZZZ darin, praktische Unterstützung zu geben und immer wieder im persönlichen Gespräch zu ermutigen. Vielfach sind es einfache Fragen, welche die NutzerInnen für den Moment überfordern und die von der ZZZ beantwortet werden können: wenn zum Beispiel die richtige Versicherung für eine Nutzung gefunden oder die Fördergelder aus dem Stadtteil auf dem richtigen Formular abgerechnet und nachgewiesen werden müssen. Die ZZZ begleitet die NutzerInnen zu Terminen mit der Verwaltung, zu der Vorstellung ihrer Projektideen in die lokalen Ortsbeiräte oder organisiert bei Veranstaltungen gemeinsame Treffen mit den NachbarInnen, den VertreterInnen der Polizei und Feuerwehr und den zuständigen Ämtern, um im Vorfeld Probleme anzusprechen und Bedenken auszuräumen. Gleichzeitig ist es klar, dass die ZwischennutzerInnen die Verantwortlichen für die Projekte sind und die ZZZ lediglich als Ermöglicherin hilft, den Gestaltungsraum für diese zu eröffnen, sodass die Projekte möglichst schnell eigenständig laufen können und die ZwischennutzerInnen die entsprechenden Kompetenzen aufbauen.

Die ZZZ versteht sich in keiner Weise als reine Vermittlungsagentur, sondern als Kooperationspartnerin bei der Umsetzung. Die Unterstützung des einzelnen Projekts erfolgt dabei auch immer als Unterstützung anderer Projekte, denn positive Zwischennutzungen ermöglichen weitere Zwischennutzungen stadtweit: Private EigentümerInnen werden ermutigt, ihre leer stehenden Immobilien temporär abzugeben; IdeenhaberInnen werden bestärkt, ihre Projekte erstmalig auszuprobieren; und in der Stadtgesellschaft wächst das Bewusstsein für die positiven Effekte von Zwischennutzungen; die Hemmschwelle, ein eigenes Projekt zu starten, sinkt. Die intensive Begleitung der Projekte über die Pressekontakte und Social-Media-Kanäle der ZZZ sind ein wichtiger Faktor zur Verstärkung dieser Wirkung.

Zusammenfassend lässt sich sagen, dass die Rolle der ZZZ in einer Melange aus proaktiver Projektleitung und Anleitung zur Selbsthilfe besteht. Ob als Unterstützerin, Möglichmacherin oder Projektverantwortliche – die ZZZ verfügt über einen großen Erfahrungsschatz in Sachen Zwischennutzung, der sich sukzessive erweitert. Jede Zwischennutzung verläuft anders, wirft neue Fragen auf und reichert durch Bewältigen neuer Hürden das praktische und theoretische Wissen weiter an.

Zwischen-nutzungen schaffen

Temporary Uses

Create

Successful Urban Development Projects

Erfolgsprojekte

der Stadt-
entwicklung

The ZwischenZeitZentrale Bremen as a Model of Success

The success of the ZwischenZeitZentrale lies in its conceptual structure and its active implementation measures. The project is funded by three departments of the City of Bremen; its steering group therefore constitutes an interface to the city administration in which new and ongoing ideas for projects can be discussed. This dialogical connection to the administration and to politics opens up a stable space in which ideas for temporary use projects can be openly debated. At the same time, the ZZZ is so autonomous in the implementation of its ideas and tackles things so unconventionally that it is an attractive contact point for many users who might otherwise shy away from bureaucratic processes. The team offers expert support and contact to the relevant parties in the administration.

Opening Front Doors and Timeframes

Opening front doors and timeframes – a complex range of tasks which connects a large number of actors hides behind this simple concept. The challenges are correspondingly extensive: the ZZZ tracks down vacant properties, approaches interested parties, moderates user constellations, clarifies legal issues, obtains permits, communicates the use concepts to policy-makers and administrators, takes care of public relations, calculates costs, solicits additional project resources and develops its own ideas for uses. In many cases, material transports, manual labor and the expertise in handiwork are also required in order to convert vacant spaces. For public acceptance and the success of the projects, it is crucial to understand the needs of all of the participants and to negotiate a generally satisfactory solution between legal provisions, creative enterprises and justified concerns. As an advisory agency for temporary use projects, the ZZZ advises users, negotiates with owners, collects requests from policy-makers and administrators, exchanges information between these actors and promotes the implementation of projects in a dialogue of trust.

The ZZZ sees itself first and foremost as a project facilitator that brings together existing spatial potential with existing demands for space. The temporary use of vacant buildings is an open-ended experiment which allows low-level experimental use; these uses can later become permanent. Temporary use is more than a stopgap; the goal of every project is to develop a long-term perspective both for the participating users and for the buildings.
→Diagram: Functional Schematic of Temporary Use Projects in Bremen, p. 34

Rooted in Institutions and Urban Society

One of the ZZZ's important success factors is its organizational framework. Since 2009, it has been jointly financed by three senatorial departments at the Free Hanseatic City of Bremen: the Senator of Economic Affairs, Labor and Ports, the Senator of the Environment, Urban Development and Mobility, and the Senator of Finances. The city-owned companies Immobilien Bremen AöR and the Wirtschaftsförderung Bremen GmbH are also connected with these departments; these city-owned companies are important contacts, as they are responsible for the administration of city-owned properties. As sponsors of the project, these departments send representatives to the ZZZ's steering group. A representative of the Senator of Culture was added in 2012.

The participation of four senatorial departments means different expectations, wishes and demands with respect to the priorities of the ZZZ's work. The steering group is a committee in which these expectations, wishes and demands are articulated and in which the ongoing status of the projects is discussed. In the past, the steering group's regular forum meeting has proven very successful in the ZZZ's implementation. Here, priorities can be set in a dialogue with the ZZZ; experience with users and owners provides the basis for assessing the workload and success chances of various ideas. The department representatives in the steering group can convey the questions that arise within the committee to the respective departments. Conversely, problems that crop up in the departments concerning project implementation can be addressed in the forum, so that the ZZZ can work with the users on restructuring their projects in order to dispel these concerns.

The willingness to structure temporary use projects in the most versatile way possible also finds expression in the establishment of an advisory board for the ZZZ. It consists of representatives from five economic sectors, professional associations and professional groups which are relevant for temporary use projects, and it can be expanded if needed. The advisory board currently consists of representatives from Haus & Grund e.V. (association of private real estate owners), the bz.b— (Bremen center for building culture), Bremen's Chamber of Architects, the Gesellschaft für Stadtentwicklung (planning department of the city-owned housing association GEWOBA), and the Klub Dialog e.V. (association of the cultural and creative economy in Bremen). At semiannual advisory board meetings the project priorities are discussed, planned activities are announced and the information is ultimately conveyed to the institutions concerned.
→Diagram: Organizational Structure of the ZZZ, p. 37

A Passion for Temporary Use Projects

The team behind the ZZZ is another important factor for its successful implementation. The Autonomes Architektur Atelier (AAA GmbH) and its cooperation partners over the past years are actors who can draw from their own experience in the implementation of temporary use projects. The AAA is made up of Daniel Schnier (graduate engineer in the field of architecture) and Oliver Hasemann (graduate engineer in the field of spatial planning). They have been organizing urban walks in Bremen since 2006, and have a wide range of experience with the initiation and supervision of temporary projects in Bremen such as SPROUTBAU[1] (2007), B.A.L.D.—Brache als lebendiges Dorf[2] (2008) or AUFAUF—Aufeinandertreffen Auf der Brache[3] (2009). Anne Angenendt (MA in arts and cultural education) has been supporting them in their work since October 2015. She co-founded the association Kultur im Bunker e.V. in 2011, which organizes cultural events in a former air raid shelter that is open to the public. The AAA has been cooperating with Sarah Oßwald (graduate

---

1 http://sproutbau.de
2 https://bald.blogger.de
3 https://aufauf.blogger.de

geographer), initiator and co-operator of the first inner-city campsite in Berlin, tentstation (2006-11) in the implementation of the ZZZ since 2009. In the initial phase of the ZZZ (2009-12), the team was supported by Michael Ziehl (graduate engineer in the field of architecture and MSc in urban planning), who co-founded the initiative Komm in die Gänge in Hamburg.

As active temporary users, they have concrete practical knowledge and inspiring network know-how in addition to a basic theoretical framework. Their experience makes it easier for them to initiate temporary use projects and supervise prospective, still inexperienced temporary users. Their inclination and willingness to become actively involved in projects themselves has been an important driving force for starting projects which otherwise could not have been realized if they had only allocated properties from behind a desk. This means that the ZZZ's everyday tasks that are inconceivable for many planning offices. If users cannot assume liability risk for a property, the ZZZ even goes as far as to assume the liability risk in order to make buildings accessible. The fact that the ZZZ also initiates and implements projects itself brings it even closer to the players, who feel that their questions and problems are understood. Thus the ZZZ also assumes the role of one player in a large and diverse network. At the same time, those involved in the ZZZ understand the formal workings of the city administrators and the perspective of private owners of vacant property and can often explain what seem to be opaque processes to temporary users.

Achieving a Great Deal with Small Amounts

Finally, the ZZZ has a project resources budget. In the project period 2012-16, the budget volume amounted to €120,000. This money was used to support 31 projects, to pay the ZZZ's public relations and documentation running costs and to organize events about temporary use projects. These funds benefited a large number of players with different projects across all of Bremen's districts: from dance theater performances in a vacant tobacco warehouse and a cooperative project between graffiti artists and youths in the disadvantaged Lüssum district of Bremen to the temporary use of retail units in the former LLOYDHOF shopping arcade in downtown Bremen. Decisions on the allotment of the money are made by the ZZZ's steering committee. Projects must naturally be for a temporary use concept. Additionally, funded projects are required to have a further-reaching impact: for example, initiating projects in districts in need of urban renewal, the sustainable opening of buildings for continuing temporary uses or the support of experimental collaborations. The application process is relatively unbureaucratic. Those responsible for the project submit an informal project resource application to the ZZZ; this is then discussed with the steering committee and decided on. Other resource needs are suggested to the steering group by the ZZZ itself, for example the commissioning of structural or fire safety analyses for vacant objects. A maximum of €3,000 is available to individual projects, however, many of them require less financial support or none whatsoever; in that case, these resources can often be used to cover the expenses that are necessary in order to launch a project. Guaranteeing resources is furthermore a means to acquire additional funding (third-party funding). The allocation of resources in these amounts reflects the desire to support and promote as many actors and collaborative projects as possible, from which further ideas can be developed and new users encouraged and supported.

Promoting Ideas and Facilitating Temporary Use Projects

The ZZZ is the first contact for people with only a general idea for a project and those with a completed business plan who are looking for spaces in which to implement their ideas. It also offers a friendly ear for the needs of start-up founders, for requests for space from the cultural and social sectors and for festival plans by subcultural collectives. Contact can be made by phone or online; however, one can also approach the ZZZ personally at an event or even on the street. The next step is a sketch of the idea or, if this has already been done, a detailed concept for the future temporary use; this is sent via e-mail together with an invitation for a meeting at the ZZZ's office, where the ideas and initial suggestions for the project's implementation and for possible sites are discussed. Getting to know each other personally helps the ZZZ become familiar with the users' motivation and their background; this is important because temporary use projects require both a great deal of trust between those implementing the project, the owners, the ZZZ and Bremen's administrators and close collaboration.

The ZZZ's office is the ideal setting for these meetings. It is currently located on the fifth floor of the administrative building of a former sausage factory in the Hemelingen district of Bremen. The project, which was initiated by the ZZZ, has offered working spaces to more than 50 designers, artists, musicians, filmmakers and other freelancers since April 1, 2015; these individuals constitute the creative user collective in WURST CASE. The fact that ZZZ's office is located in a vacant building which has been revitalized through a temporary use project is both inspiring and informative for prospective temporary users. The atmosphere conveys a direct feeling for the challenges in store for future temporary users, but also how they can be managed. Some of those inquiring can immediately satisfy their need for space and move into an office or a studio in WURST CASE.

Individual temporary use projects begin by visiting the vacant property. Owners approach the ZZZ and make an appointment or the ZZZ approaches owners because it has become aware of a vacancy. The state of the building is assessed, possible conditions for its use are negotiated and initial use ideas are developed in collaboration with the owners. In consultation with the owners, the interested parties are then led through the available spaces and can either develop their own ideas for the building or implement project proposals which have been conceived by the ZZZ and/or the owners. Viewings often take place with several interested parties - this gives them an event character. The users can allow themselves to be inspired by the premises and possibly even strike up collaborations with other interested parties. In terms of urban space, the ZZZ's work places particular focus on urban districts and objects which do not readily find new uses on their own. The viewing therefore not only serves to stake out one's own space but also demonstrates that interesting vacant buildings outside of hip downtown districts can be a realistic and attractive alternative.

The ZZZ's work consists of providing practical support for temporary use projects and providing consistent encouragemant to temporary users in personal conversations. Users are often overwhelmed by simple questions which can be answered by the ZZZ: when the right insurance has to be found for a use type or district funding has to be accounted for with the correct form, to name two examples. The ZZZ accompanies users to appointments with administrators, to presentations of their project ideas to local advisory councils, or during events. The ZZZ organizes meetings with neighbors, representatives from the police and fire departments and employees of the responsible administrative offices in order to address problems and dispel concerns in advance. At the same time, it is clear that the temporary users are those responsible for the projects; the ZZZ is only a facilitator which opens up room to maneuver so that projects can run independently as soon as possible and the temporary users build up the corresponding capacities.

The ZZZ does not see itself purely as an agency but rather as a cooperation partner in a project's implementation. Supporting individual projects also always means supporting other projects, as positive temporary use projects facilitate further temporary use projects city-wide. Private owners are encouraged to make their vacant properties available on a temporary basis, people with an idea are encouraged to try out their projects for the first time, awareness for the positive effects of temporary use projects grows in the urban society and people lose their inhibitions to launch their own project. Another important factor for strengthening this effect is the ZZZ's intensive support of the projects through its press contacts and social media channels.

To sum up, it can be said that the ZZZ's role consists of a blend of proactive project management and instructing people how to take things into their own hands. Whether in its function as a supporter, facilitator or office in charge of a project, the ZZZ has a wealth of experience in temporary use projects that is constantly growing. Every temporary use project proceeds differently, raises new questions and augments practical and theoretical knowledge with the overcoming of every new obstacle.

The ZwischenZeitZentrale Bremen as a Model of Success

53

Selbermachen: Grundsteinlegung des Projekts b.a.l.d. in der Bremer Überseestadt
Do-it-yourself: Cornerstone ceremony for the b.a.l.d. project in Bremen's Überseestadt
© Cathrin Eisenstein

Ablauf von Zwischennutzungen – Projektarbeit von innen

Jede Zwischennutzung verläuft anders: Der Zustand eines jeden Leerstandes und einer jeden Brachfläche stellt eine individuelle Herausforderung dar, die AkteurInnenkonstellationen variieren, die Laufzeit der Projekte pendelt zwischen temporär (Tage) und langfristig (Jahre), der zeitliche Einsatz der ZwischenZeitZentrale ist immer unterschiedlich. Anhand des Ablaufs des Projekts BAY-WATCH in Bremen-Hemelingen wird exemplarisch verdeutlicht, wie der Prozess einer Zwischennutzung verlaufen kann, welche Herausforderungen in der Konzeption und in der Umsetzung auftreten können. Viele Erkenntnisse aus dieser Zwischennutzung lassen sich auf andere Kontexte übertragen, andere wiederum sind erkennbar projektabhängig.

BAY-WATCH – Eine Zwischennutzung im Hemelinger Hafen

Mitte August 2016: Im Hemelinger Hafengebiet ist es abends eigentlich einsam und ruhig. Die Maschinen und Förderbänder der Industriebetriebe stehen still, das Wasser schwappt, von den Straßenlaternen orangegelb beleuchtet, im Hafenbecken am Strotthoffkai. Die Straßenzüge sind leer, nur einige Lkw-FahrerInnen genießen rauchend den sommerlichen Feierabend neben ihrem abgestellten Gefährt. Doch heute fahren immer wieder, einzeln und in Grüppchen, FahrradfahrerInnen durch den milden Abend. Ziel: den Sonnenuntergang auf BAY-WATCH genießen, eine Limo trinken, FreundInnen treffen, Musik hören und miteinander reden. Die Fahrräder werden im Wendehammer der Straße Arberger Hafendamm abgeschlossen. Ab jetzt geht es zu Fuß weiter. Ein schmaler Grasweg mit liebevoller Bepflanzung, Heilpflanzen neben blühenden Stauden in alten Kübeln und Wannen, führt auf das Gelände. Die neuen, meist jungen BesucherInnen dieser Enklave BAY-WATCH stammen aus den innenstadtnahen Quartieren Bremens und nehmen seit Juli 2014 immer häufiger den 20- bis 30-minütigen Fahrradweg auf sich. Eine weite Strecke für Bremer Verhältnisse. Sie teilen sich den neu entstandenen Ort mit den AnglerInnen, die hier schon seit Jahren in der Dämmerung Fische fangen. Nach wenigen Hundert Metern entlang der Weser dann endlich: Ankunft auf einer experimentellen Insel der Kunst und Vergemeinschaftung im Hafengebiet. Hier gibt es einen Permakulturgarten im Industriegebiet, experimentelle Architektur aus Restholz, Glas und Schrott vor der Kulisse des Kohlekraftwerks am gegenüberliegenden Hastedter Osterdeich, Kunst und Kultur an einem neu geschaffenen, besonderen Ort in Hemelingen. Willkommen auf BAY-WATCH!

Auf einer ehemaligen Brachfläche im Hemelinger Hafen wurde von dem Bremer Künstler André Sassenroth und dem Garten- und Landschaftsbauer Ingo Kindermann mit Unterstützung der ZZZ ein fester Anlaufpunkt für kulturelle, ökologische und soziale Projekte geschaffen. Gedacht als ein Ort, der KünstlerInnen, GestalterInnen und MacherInnen die Infrastruktur bietet, um hier frei an ihren Ideen arbeiten zu können, entstand eine subkulturelle Experimentierfläche. Es wird ein guter Kontakt zu den AnglerInnen und der industriell geprägten Nachbarschaft gepflegt und das Projekt stößt auf ein wachsendes Interesse der QuartierbewohnerInnen in Hemelingen. Bis 2016 wurde das Projekt von unterschiedlichen Artists in Residence bespielt, ihre Beiträge reichten von Kunstinstallationen bis hin zu einer dreimonatigen Veranstaltungsreihe eines Bremer Musikers, der Rap-Ikone Flowin ImmO, der eine Bühne baute: DIE KOMPLETTE PALETTE, kurz DKP. Das Projekt erregte stadtweit Aufmerksamkeit in allen Medien. Bis zu 200 BesucherInnen pro Veranstaltung kamen auf die Fläche, die den BesucherInnen noch vor drei Jahren vollkommen unbekannt war. Kaum eine Veranstaltung im gesamten Ortsteil zieht so viele engagierte und kreative Menschen regelmäßig nach Hemelingen.

Das Projekt BAY-WATCH wird seit September 2016 von einem Verein weitergetragen, der auch in Zukunft wechselnde Veranstaltungen, aber vor allem regelmäßige Workshops, Gartenaktionen und ein offenes Café-Format anbieten will.

Schritt für Schritt von der Idee zur Umsetzung

Der offizielle Start der Nutzung war der 1. Juni 2014 mit der Unterschrift von André Sassenroth unter dem Nutzungsvertrag mit dem stadteigenen Betrieb bremenports GmbH & Co. KG. Die Einweihung des Projekts erfolgte einige Wochen später mit den ersten Aktivitäten auf dem Areal, doch der Start in die Zwischennutzung begann schon viel früher.

Die folgende schematische Darstellung gibt einen Überblick über die einzelnen Schritte bis hin zum laufenden Projekt BAY-WATCH. Dabei wird unterschieden zwischen Aktivitäten, die von den einzelnen AkteurInnen selbstständig übernommen wurden und denen, die von der ZZZ gemeinsam mit den Projektverantwortlichen angegangen wurden.

Das Projekt Bay-Watch am Allerhafen in Bremen-Hemelingen
The Bay-Watch project at Allerhafen in the Hemelingen district of Bremen © Daniel Schnier

BEISPIELHAFTER ABLAUF EINER ZWISCHENNUTZUNG: RÜCKSCHAU AUF DEN START DES ZWISCHENNUTZUNGSPROJEKTES BAY-WATCH
Exemplary Course of a Temporary Use Project: A Look Back at the Beginning of the Temporary Use Project BAY-WATCH

•)) Kontakte mit ZwischennutzerInnen
Contact with Temporary Users

((• Kontakte mit Eigentümer, Verwaltung,
Politik und Institutionen
Contact with Owners, Administrators,
Policy-Makers and Institutions

Datenbank von NachfragerInnen, die
auf der Suche nach Brachen und Räumen sind
List of people/groups looking for sites

2014 und früher
2014 and earlier

Bestehende Kontakte der ZZZ zu Institutionen
und AkteurInnen im Stadtteil über Projekte in den
vergangenen Jahren
Existing contacts between the ZZZ and institutions
and actors due to projects from previous years

Durchsicht der vorhandenen InteressentInnen und Kontaktaufnahme mit KünstlerInnen, die Projekte auf Freiflächen organisieren wollen
Review of existing interested parties; making contact with artists who want to organize projects on available sites

Suche der KünstlerInnen nach geeigneten Flächen im Hemelinger Hafen, Probleme geeignete Flächen zu finden, anschließend Probleme den Eigentümer ausfindig zu machen
Search by artists for suitable sites in Hemelinger Hafen; problems finding suitable sites followed by problems identifying the owner

Erstellung eines Nutzungskonzepts durch die NutzerInnen, um den Eigentümer anzusprechen; Abstimmung und Ergänzung durch die ZZZ
Users create use concept to present to the owner; consultation and supplementation by the ZZZ

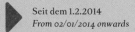

Seit dem 1.2.2014
From 02/01/2014 onwards

Äußerung des Wunschs der Nutzung von Flächen im Hemelinger Hafen für kulturelle Aktivitäten aus dem Beirat Hemelingen an die Verwaltung wird über die Lenkungsgruppe an die ZZZ weitergetragen
The Hemelingen Advisory Board expresses the desire to use sites in Hemelinger Hafen for cultural activities; this information is passed on to the ZZZ by the steering group.

Ermittlung des Eigentümers über die Lenkungsgruppe. Offizielle Ansprache an den Eigentümer bremenports GmbH & Co. KG durch die ZZZ mit Unterstützung der Lenkungsgruppe und dem Konzept der NutzerInnen
Identification of the owner through the steering group. The owner, bremenports, is officially approached by the ZZZ with the support of the steering group and the users' concept

Besichtigung der Fläche mit Eigentümerin und NutzerInnen, Austausch über Auflagen, Einschränkungen, Zugänglichkeit
Viewing of the site with owner and users, exchange of information about requirements, restrictions, accessibility

Übermittlung von Vertragsvorlagen an den Eigentümer durch die ZZZ. Frage nach dem Vertragspartner und der Haftung
The ZZZ forwards the contract documents to the owner; questions concerning the contract partner and liability

Aufstellung eines Finanzplans mit den NutzerInnen, Frage nach der Kommerzialisierung des Projekts, Notwendigkeit für zwei Jahre zu planen, Gemeinsame Arbeit an Anträgen
Creation of a finance plan with the users; Question concerning the commercialization of the project; Establishment of the necessity to plan for two years; Combined effort on applications

Ansprache von Institutionen (Quartiersmanagement, Stadtteilmarketing, Vereine, Beirat und Ortsamt) im Stadtteil durch die ZZZ, um Unterstützung für das Projekt zu gewinnen
The ZZZ approaches institutions in the district (district management, district marketing, advisory board and local authorities) to get support for the project

Juni 2014
June 2014

Abnahme des Areals mit Eigentümervertreter der Fläche und den Nutzern, Vertragsunterzeichnung, Übernahme der Kaution durch die ZZZ (Projektmittel), da die Summe sonst den Projektetat des Projekt gesprängt hätte
Acceptance of the site with representatives of the site and the users; Signing of the contract; The ZZZ assume the security deposit (from project resources) as the amount would have otherwise exceeded the project budget

In der Organisation des Projekts die Frage, wie eine Betreuung der Fläche über einen längeren Zeitraum sichergestellt werden kann. Distanz zum Wohnort. Konzept der Platzaufsichten.
Questions arise concerning the organization of the project: How can the support of the space be ensured for a longer period of time? Distance to place of residence? Site supervision concept?

Suche nach ProjektpartnerInnen. Aufbau der Infrastruktur auf dem Platz. Erste Veranstaltungen. Frage der Zugänglichkeit
Search for project partners; Setting up an infrastructure; First events; Question concerning accessibility

Juli 2014
July 2014

Gemeinsame öffentliche Vorstellung des Projekts Bay-Watch mit den Akteuren und der ZZZ im Beirat Hemelingen, Bewilligung von Fördergeldern
Joint public presentation of the project to the Hemelingen Advisory Board, approval of funding, skepticism in the Advisory Board

Eröffnung von BAY-WATCH
Opening of BAY-WATCH

▶ September 2014
September 2014

▶ November/Dezember 2014
November/December 2014

(•

Absprache über die Maßnahmen für die notwendigen Genehmigungen in der Lenkungsgruppe
Consultation on the measures for the required permits in the steering group

(•

Genehmigung der entstandenen temporären Architekturen auf dem Areal als Kunstwerke (Kunst im öffentlichen Raum), die auf Sicht zurückgebaut werden
Approval of the temporary structures on the site as works of art that will eventually be removed

(•

Unterstützung bei der Realisierung der notwendigen Maßnahmen, Sicherung der Bauten mit Spanngurten und Eisen. Das Projekt wird winterfest gemacht
Support in implementing the necessary measures; Structures secured with tension belts and iron. The project is winterized

Experimentelle Architektur, Permakultur und Kunst im öffentlichen Raum auf dem Projekt Bay-Watch Experimental architecture, permaculture and art in public space at the Bay-Watch project © Daniel Schnier

The Processes of Temporary Use Projects – Project Work from the Inside

Every temporary use project proceeds differently: the state of each empty building or brownfield poses an individual challenge, actor constellations vary, the duration of the projects ranges from temporary (days) to long-term (years) and the duration of the ZwischenZeitZentrale's involvement is always different. In this chapter, the project BAY-WATCH in the Hemelingen district of Bremen will be used as an example for how a temporary use project can proceed, and which challenges can arise both in the concept and in its implementation. Many of the insights gained from this temporary use project can be transferred to other contexts; others, on the other hand, are recognizably project-dependent.

BAY-WATCH – A Temporary Use Project in Hemelinger Hafen

Mid-August 2016: the Hemelinger Hafen area is desolate and quiet at night. The machines and conveyor belts of the industrial plants stand idle, the water sloshes in the harbor basin at Strotthofkai, illuminated orange-yellow by the streetlamps. The streets are empty except for several truck drivers smoking cigarettes next to their parked vehicles, enjoying the end of their workdays and the summer evening. Today, however, people, alone and in small groups, are riding their bicycles through the mild summer evening. Their destination: the sunset at BAY-WATCH, a cold soft drink, meeting friends, listening to music and talking to each other. The bicycles are parked and locked in the T-shaped turning area of Arberger Hafendamm. The people walk from here. A narrow grass path lined with old buckets and tubs lovingly planted with medicinal plants and blossoming shrubs leads to the grounds. The new, mostly young, visitors to the BAY-WATCH enclave come from the inner-city districts of Bremen; since 2014, they have been taking on the 20- to 30-minute bicycle ride – quite a long distance for Bremen – more and more frequently. They share the newly formed site with the fishermen who have been catching fish here at dusk for years. Finally, after several hundred meters on foot along the Weser, they arrive at the experimental island of art and communitization in the port area. There is a permaculture garden here in the industrial zone and experimental structures made of waste timber, glass and scrap metal rise against the backdrop of the coal-fired power plant on the opposite Hastedter Osterdeich. Culture and art flourish on this newly created, special site in Hemelingen. Welcome to BAY-WATCH!

With the support of the ZZZ, the Bremen-based artist André Sassenroth and the gardener and landscaper Ingo Kindermann created a permanent venue for cultural, ecological and social projects on a former brownfield in Hemelinger Hafen. Conceived as a place that offers artists, designers and makers an infrastructure to be able to freely work on their ideas, what developed was a site of subcultural experimentation. A good relationship is cultivated with the fishermen and the industrially-shaped neighborhood; the residents of Hemelingen show increasing interest in the project. BAY-WATCH was used by different artists in residence until 2016; their contributions ranged from art installations to a three-month series of events by a Bremen-based musician, the rap icon Flowin ImmO, who built a stage called DIE KOMPLETTE PALETTE, DKP for short. The project attracted citywide attention in the media. Up to 200 visitors came to the site, which was not on the mental map of the city three years before, for each event. There is hardly another event in the entire district that regularly attracts so many committed and creative people to Hemelingen. Since September 2016, the BAY-WATCH project has been managed by an association that wants to offer a variety events in the future, above all, however, regular workshops, garden projects and an open café format.

Step by Step from the Idea to Implementation
The official start of the temporary use project was June 1 2014. This was the day on which André Sassenroth signed the contract with the city-owned enterprise bremenports GmbH & Co. KG. The project was inaugurated several weeks later with the first official activities on the site; however, the temporary use of the site began much earlier.

The following schematic diagram provides an overview of the individual steps that were taken to get the BAY-WATCH project up and running. It distinguishes between activities that were undertaken independently by the individual actors and those that were addressed by the ZZZ in collaboration with those responsible for the project.
→Diagram: Exemplary Course of a Temporary Use Project, p. 60 to 63

68

ETABLIERUNG VON ZWISCHENNUTZUNG ALS INSTRUMENT IN DER STADTENTWICKLUNG

In den vergangenen 15 Jahren wurden in Deutschland vielgestaltige Formen der informellen Stadtentwicklung und der experimentellen Nutzung von leerstehenden Gebäuden entwickelt, die inzwischen zum Alltag in den Städten geworden sind. An der Einbindung dieser Prozesse in die formelle Stadtentwicklung und ihrer Übertragung sind inzwischen Städte in ganz Europa interessiert.

ESTABLISHING TEMPORARY USE PROJECTS AS AN URBAN DEVELOPMENT INSTRUMENT

In the past 15 years, diverse forms of informal urban development and experimental uses of vacant buildings have been developed in Germany, which have meanwhile become a part of everyday urban life. Cities throughout Europe have since developed an interest in including these processes into their own formal urban development.

Neue RaumagentInnen und die Rolle des Informellen in der Stadtentwicklung
Stephan Willinger

Blickt man auf die letzten 15 Jahre Stadtentwicklung in Deutschland zurück, so wird ein recht vielgestaltiger Aufbruch des Informellen sichtbar. Ausgelöst, verstärkt und gefördert durch eine positive Konstellation neuer Rahmenbedingungen (von Demografie bis Globalisierung, von Lebensstilen bis Staatsverständnis) kann man mittlerweile von einer Vervielfachung zivilgesellschaftlicher Aktivitäten und einer ebenfalls deutlichen Aufmerksamkeitsverlagerung zugunsten des Informellen und seiner AkteurInnen sprechen. Nicht zuletzt durch den technologischen Wandel der Kommunikation entstehen selbstorganisierte einflussreiche Netzwerke. Diese AkteurInnenvielfalt bereichert unsere Stadtgesellschaften, sie macht aber unsere Stadtentwicklungsprozesse auch immer komplexer und immer herausfordernder für Verwaltungen, die sich als Steuerungsinstanzen verstehen.

Zwischennutzungen stellen die sichtbare und besonders prägnante Spitze eines Eisbergs dar, der in seiner Gesamtheit mit den Begriffen »selbstgemachte Stadt« oder »Informeller Urbanismus« beschrieben werden kann. Die riesige Basis dieses Eisbergs ist für Stadtverwaltungen noch immer weitgehend unbekannt. Doch man beginnt, sich ihr zu nähern. Kees Christiaanse vermutet, dass »[...] das Establishment der Investoren früher [Zwischennutzungen] als das Hobby einiger sozial engagierter Planer aus der linken Szene« betrachtet habe. »Doch heute haben Projektentwickler, Kommunen und Grundbesitzer erkannt, dass eine nachhaltige und erfolgreiche Entwicklung des urbanen Lebens nur möglich ist, wenn kontextuelle Aspekte berücksichtigt werden. [...] Informelle Nutzungen, die traditionell als bedrohlich für die Interessen der Eigentümer galten, werden nun immer mehr als wichtige Indikatoren eines potenziellen

Wachstums gesehen.«[1] Doch die Erforschung des Eisbergs braucht Zeit. Noch sind PlanerInnen hin- und hergerissen zwischen den widersprüchlichen Anforderungen von Kreativität und Ordnung, Ausprobieren und Absichern, Moment und Dauer, Freiheit und Kontrolle.

Von Leipzig nach Bremen

Während in den 1990er Jahren kommunale Stadtentwicklung auf Imagepolitik und eine Festivalisierungsstrategie baute oder mit Public-private-Partnerships den unternehmerischen Städtebau als Hoffnungsträger (wieder-)entdeckte, rückten seit den 2000er Jahren die (Sub-)Kulturschaffenden ins Zentrum des Interesses. Städte schmückten sich nun mit einer vermeintlich »kreativen Klasse« und versuchten, ihre Stadtentwicklung an neue ökonomische Gruppen, deren Lebensstile und Wertschöpfungen zu knüpfen. Dieses Missverständnis, das Werbeagenturen und ProgrammiererInnen als ImpulsgeberInnen verstand, war eines der trojanischen Pferde, die zur Hoffähigkeit von Zwischennutzungen am Ende des Jahrzehnts beitragen sollten. Dazwischen liegt der Schock der schrumpfenden Städte, ausgelöst durch das Gutachten der Kommission »Wohnungswirtschaftlicher Strukturwandel in den neuen Bundesländern« aus dem Jahr 2000, die zur Marktbereinigung den Abriss von mehreren 100 000 Wohnungen in Ostdeutschland forderte und damit eine neue überbordende Verfügbarkeit von Raum konstatierte. Kurz danach informierte das internationale Forschungsprojekt Urban Catalyst die deutsche PlanerInnenszene zum ersten Mal systematisch über die Vielfalt an Zwischennutzungsprojekten in ganz Europa. In Halle nutzte 2003 das Thalia Theater zusammen mit raumlabor und etwa

---

1 Christiaanse, Kees: »Vorwort«. In: Oswalt, P. / Overmeyer, K. / Misselwitz, P: urban catalyst. Mit Zwischennutzungen Stadt entwickeln, erschienen im Verlag DOM publishers, Berlin, 2013, S. 5.

100 Jugendlichen einen leer stehenden Plattenbau für einige Wochen zum Hotel Neustadt um: ein paradigmatisches Projekt, das die möglichen Dimensionen eines Informellen Urbanismus verdeutlichte. Im Umfeld des Bauhauses Dessau, vor allem aber in Leipzig, wurden dann erste Erfahrungen im strategischen Umgang mit Zwischennutzungen gesammelt.

Es ist eine interessante Koinzidenz, dass zeitgleich mit der Postulierung der »Europäischen Stadt« durch die europäischen StadtentwicklungsministerInnen in der Leipzig Charta der Umgang mit diesem Stadttyp gerade in Leipzig eine starke Wandlung erfahren hat. Leipzig war in den 2000er Jahren diejenige Stadt in Deutschland, die mit temporären Freiflächenbespielungen und einer systematischen Unterstützung von »Hausbesetzungen« die Aufnahme des Informellen in das Instrumentarium heutiger Stadtentwicklung vorbereitet hat. Das als Taskforce gegründete Amt für Stadterneuerung und Wohnungsbauförderung hatte früh erkannt, dass gerade ungewöhnliche Initiativen und experimentelle Raumnutzungen durch bürgerschaftliche Gruppen wichtige Impulse für stagnierende Stadtviertel geben können. Hierzu wurden neue Kommunikationsstrukturen mit den AkteurInnen vor Ort aufgebaut, die so zu maßgeblichen TrägerInnen der Stadtentwicklung geworden sind. So stellt Amtsleiter Karsten Gerkens, eine der treibenden Kräfte dieser Strategie, fest: »Wir können die Objekte nicht vorgeben, die bearbeitet werden müssen. HausHalten e.V. muss sagen, welche Objekte sie bearbeiten können. Wir von der Verwaltung kennen die komplexen Zusammenhänge nicht, können das Für und Wider für ein Projekt nicht abschließend einschätzen. Da fehlt uns der Erfahrungshintergrund, den die Akteure zum Teil über Jahre aufgebaut haben.«[2]

2 Gerkens, Karsten: »Mehr als nur verwalten. Stadtentwicklungspraxis in Leipzig«. In: BMVBS (Hrsg.): stadt:pilot spezial »Offene Räume in der Stadtentwicklung. Leerstand – Zwischennutzung – Umnutzung. Bonn 2012, S. 47.

Die Kreativität von HausHalten als intermediärem Akteur zeigte sich nicht in gesellschaftlichen Utopien, sondern in der geschickten Organisation von Abstimmungsprozessen, beim Aufbau von Vertrauen im Dreieck von HauseigentümerInnen, informellen NutzerInnen und Verwaltung. Mit dieser pragmatischen Herangehensweise werden NutzerInnen gestärkt, EigentümerInnen an neue Wege gewöhnt und Verwaltungsroutinen schrittweise verändert.

2006 startete im Forschungsprogramm »Experimenteller Wohnungs- und Städtebau« des Bundes eine Studie zu Zwischennutzungen und machte die strategische Bedeutung informeller NutzerInnengruppen für die Stadtentwicklung bekannt und auch politisch vertretbar. So verwundert es nicht, dass nach diesen Vorarbeiten im Jahr 2009 die Bremer ZwischenZeitZentrale nach einem breit rezipierten Projektaufruf als eines von 30 besonders innovativen Pilotprojekten der Nationalen Stadtentwicklungspolitik ausgewählt wurde. Den gesamtstädtischen und strategischen Ansatz der ZZZ würdigte die Jury als neu und ambitioniert, zugleich war er so weit wie nötig verwoben mit den Netzen städtischer Verwaltungen.

Zivilgesellschaft und Stadtentwicklung
– ein schwieriges Verhältnis

Genau dieses Verhältnis zwischen Freiheit und Einbindung stellt Stadtverwaltungen bei der Kooperation mit zivilgesellschaftlichen Gruppen zwangsläufig immer wieder vor Probleme. Denn die ZwischennutzerInnen sind eben nicht Beteiligte in einem hoheitlichen Planungsverfahren, sondern Ko-ProduzentInnen von Stadt.

ZwischennutzerInnen und alle anderen Gruppen, die sich städtische Räume aneignen, beteiligen sich nicht an den Planungen anderer. Stattdessen werden sie aktiv, planen und bauen selbst – und beteiligen die Verwaltungen nur dann, wenn dies für die Umsetzung ihrer Vorhaben unumgänglich ist.

Während staatliches Handeln in der Stadtentwicklung auf die zielgerichtete Erfüllung bestimmter Ziele ausgerichtet ist, besteht das Hauptcharakteristikum des informellen oder zivilgesellschaftlichen Handelns gerade in seiner Entstehung aus individuellen Zielen und Wünschen. Es sind eben »wilde Partizipationen« im Sinne de Certeaus. Und alle Versuche der Kontaktaufnahme zu dieser »Wildnis« verlaufen nicht problemlos. »Kommunales Handeln folgt prinzipiell rechtlich überprüfbaren, kontrollierbaren, transparenten, mehrheitsfähigen, rationalen Normen. Bürgerschaftliches Engagement ist in seinem inneren Kern und Wesen genau das Gegenteil: parteilich, emotional, gegensteuernd, gruppenorientiert.«[3] Gualini konstatiert »eine besondere Form von Inkommensurabilität zwischen der sozialräumlichen Logik zivilgesellschaftlichen Handelns und der räumlichen Logik der Territorialisierung, die noch weitgehend staatliches Handeln dominiert«[4].

---

3 Hummel, Konrad: »Quartiersmanagement, Stadtentwicklung, Bürgergesellschaft«. In: PND online, Nr. 4, 2008, S. 2.
4 Gualini, Enrico: »Zivilgesellschaftliches Handeln und bürgerschaftliches Engagement aus stadtentwicklungspolitischer Perspektive: kritische Überlegungen zur Thematik«. In: Becker, Elke u.a. (Hrsg.): Stadtentwicklung, Zivilgesellschaft und bürgerschaftliches Engagement, Stuttgart 2010, S. 20.

DKP Die komplette Palette: Plattform für MusikerInnen auf dem Bay-Watch-Gelände an der Weser DKP Die komplette Palette: Platform for musicians at the Bay-Watch area by the Weser River © Luisa Eugeni

Legale Strukturen

Legal Structures

Support

Active Urban Appropriation

unterstützen

aktive Stadt-
aneignung

Deshalb greifen viele Städte auch zu kurz, wenn sie durch die Institutionalisierung von Zwischennutzungsbeauftragten »ein bisschen Leben in die Stadt bringen« wollen. Es wäre ein grundsätzliches Missverständnis, eine intermediäre Akteurin wie die ZZZ als jemanden zu verstehen, der Zwischennutzungen an den von StadtplanerInnen vorgesehenen Stellen organisiert und die Aktiven nach gelungener »Aufwertung« des Areals wieder verscheucht. Weder Zwischennutzungen noch ihre AgentInnen sind hinreichend und in all ihren Dimensionen erfasst, wenn man sie als Instrumente der Stadtentwicklung behandelt. Zwischennutzungen entstehen zunächst und vor allem aus dem Eigensinn von NutzerInnen zur Aneignung städtischer Räume. Und nur wenn man dies berücksichtigt, kann man Stadtentwicklung so konzipieren, dass zivilgesellschaftliche Gruppen in ihrem Eigensinn und ihrer Kreativität ihr volles Potenzial entfalten können.

Heute sind fast alle Zwischennutzungen in ihre sozialen und städtebaulichen Kontexte eingebettet und beinhalten deshalb – neben Experimentellem, Widerständigem – bereits vielfältige Aspekte, die Schnittstellen mit der Stadtentwicklung aufweisen. Die Mitglieder von Urban Catalyst fassten 2007 ihre Erfahrungen mit der neuen NutzerInnengeneration so zusammen: »Zwischennutzungen unterscheiden sich auch räumlich von den ›Subkulturen‹ der 1960er und 1970er Jahre, die sich als Gegenkulturen verstanden und zu Enklaven abgeschlossener, meist stark ideologisierter Kollektive führten. Die heutigen informellen Stadtnutzer operieren nahezu entgegengesetzt: Statt Enklaven zu schaffen, bilden sie öffentliche Orte als Magneten, die im Erfolgsfall als Hot Spots funktionieren, die sich für fast alle Optionen und Allianzen öffnen. Sie zeichnen sich somit durch eine große Permissivität, wenn nicht gar Promiskuität aus. Sie sind viel enger mit dem Mainstream verbunden, was sie auch urbaner macht.«[5]

RaumagentInnen als neue intermediäre AkteurInnen

Eine »Umarmungsstrategie« des »ermöglichenden Staates«[6] ist allerdings auch bei diesen Gruppen kein adäquates Mittel. Ein zu harmonisches Bild des Informellen, das seine politische Dimension ausklammert, wäre einer aufgeklärten Stadtentwicklung unangemessen. Wer die Potenziale des informellen Urbanismus genauer betrachtet, der wird weniger die friedliebenden GärtnerInnen sehen als selbstbewusste BürgerInnen mit einem geschärften Sinn für Raumansprüche, Benachteiligungen und Interessengegensätze. Peter Arlt fasst die Aufgabe, »Was Stadtplaner von Zwischennutzern lernen können«, wie folgt prägnant zusammen: »Taktische Stadtplanung hat 1.) ein Ziel für die Stadt, hält 2.) nach bereits Aktiven Ausschau und unterstützt und ergänzt 3.) deren Aktivitäten, wann und wo immer sie auftreten.«[7]

Und hierfür etablieren sich immer öfter intermediäre AkteurInnen, die den Brückenschlag zwischen Stadtverwaltung und Stadtgesellschaft erleichtern können, »als Kenner beidseitiger Kommunikations- und Handlungsgewohnheiten«[8], wie Beck schreibt. Die ZZZ ist allerdings keine klassische intermediäre Akteurin, die »in ein sortiertes System zwischen Bürgern und gewählten Stadtspitzen in Vermittlungs- und Übersetzungsprozesse eingebunden ist«[9],

5   »Urban Catalyst: Open-Source Urbanismus. Vom Inselurbanismus zur Urbanität der Zwischenräume«. In: Arch+, Nr. 183 (Situativer Urbanismus), 2007, S. 86.
6   ebd.
7   Arlt, Peter: »Was Stadtplaner von Zwischennutzern lernen können«. In: Oswalt, P. / Overmeyer, K. / Misselwitz, P: urban catalyst. Mit Zwischennutzungen Stadt entwickeln. Berlin 2013, S. 85.
8   Beck, Sebastian: »Stadtentwicklung mit der Netzwerkgesellschaft. Zur Renaissance intermediärer Akteurslandschaften«. In: vhw FWS, Nr. 5, 2015, S. 232
9   Ebd., S. 233.

so Beck. Vielmehr haben wir es »mit neuen Intermediären zu tun, deren Handlungslogiken sich nicht einfach top-down seitens der Stadt instrumentalisieren lassen. Sie artikulieren eigene Interessen, nutzen eigene Kanäle, arbeiten eher bottom-up als top-down [...] Sie arbeiten netzwerkorientiert, auf Kooperation und Austausch zwischen unterschiedlichen Bürgergruppen [...] hin orientiert.«

Eine intermediäre Instanz wie die ZZZ braucht street credibility, muss die Sprache der NutzerInnen sprechen und zugleich für die Verwaltung eine vertrauenswürdige Ansprechpartnerin bleiben. Sie agiert als »amphibisches Wesen«, das sich im Wasser und an Land geschmeidig bewegen kann und »sowohl in der Sphäre der Lebenswelten im Stadtteil wie auch in der Sphäre institutionell geprägter Welten lebens- und kommunikationsfähig«[10] ist.

Prototyp kollaborativer Stadtentwicklung

Wie kann eine neue, kreative Governance gestaltet sein, die die Projekte des informellen Urbanismus als vielversprechende Bausteine wahrzunehmen vermag? Sie muss sich von konventionellen Planungspraktiken klar unterscheiden und (ganz im Gegensatz zu den sich frühzeitig verfestigenden Planungen wirtschaftlicher AkteurInnen) die Kontingenz der Praxis akzeptieren, ja geradezu zum Prinzip erheben. Die Konzentration auf die endogenen Potenziale des Planungsgebietes, die zuerst zu entdecken sind, und das Zulassen von Verhandlungsräumen zur Zielbestimmung durchbrechen die Routinen zuständigkeitsbezogenen Verwaltungshandelns und erzeugen Ungewissheit.

---

10 Fehren, Oliver: »Amphibische Wesen: die intermediäre Anreicherung des Quartiersmanagements«. In: vhw FWS, Nr. 5, 2015, S. 251ff.

Der Ausgang solcher Prozesse gleicht somit einem Experiment – was ja eigentlich das Gegenteil von Planung ist.

Wenn Simone Geßner vom Bremer Senat bereits 2011 Zwischennutzungen als »Daueraufgabe der Stadtplanung« bezeichnet, dann zeigt sie damit, wie gut die Stadt dies schon vor fünf Jahren verstanden hatte. Eine solche offene Stadtentwicklungspolitik erfordert einen strategischen Dialog mit der Zivilgesellschaft als Grundlage zukunftsfähiger Planungskultur. In Bezug auf kreative StadtmacherInnen übernimmt diese Aufgabe in Bremen die ZZZ. Und mit Ersöz kann man die Philosophie ihrer Arbeit vielleicht so beschreiben:»Die unaufhörliche Dynamisierung unserer Welt lässt den Planungsbedarf steigen, während jedoch die Reichweite des Planbaren sinkt. Es wird immer mehr eine situative Spielart der Planung nötig. Der planende Zeitmanager der klassischen Moderne wird zu einem postmodernen Spieler, der durch Flexibilität, Spontaneität und Improvisationsvermögen versucht, zumindest kurzfristig Zeitsouveränität zu erlangen, um handlungsfähig zu bleiben.«[11] Die Arbeit der ZZZ zeigt eindrucksvoll, wie ein solcher Umgang mit dem Ungewissen und Nicht-Planbaren aussehen kann. Sie reicht von kleinen Interventionen bis zu Großprojekten, von wackligen Bretterbuden bis zu Kreativ-Hubs.

Mainstream ist dies in Deutschland noch lange nicht. Immer noch müssen Zwischennutzungen in den meisten Städten im Stillen agieren oder sind nur durch öffentlichen Druck zu stabilisieren. Ihre aktive Einbeziehung in die Entwicklung von (neuen und alten) Stadtquartieren ist immer noch die große Ausnahme.

---

11 Ersöz, Hisar Hüseyin:»Urbane Resilienz – Stadtplanung in Zeiten der Beschleunigung«. In: stadtaspekte vom 8. Februar 2013, Download von http://www.stadtaspekte.de (am 26.03.2014).

Das Café Noon: Möglichkeitsraum im Foyer Kleines Haus des Theater Bremen
Café Noon: Innovation space in the Foyer Kleines Haus of the Theater Bremen © Caspar Sessler

Was könnte getan werden, um Zwischennutzungen stärker zu unterstützen? Hierzu einige Ideen:

VertreterInnen von Stadtpolitik und Verwaltung sollten ihre Weiterbildungstage in Bauworkshops bei ZwischennutzerInnen verbringen, um die Welt (und den Charme) des Informellen verstehen zu können.
Beginnend mit dem Flächennutzungsplan könnten Experimentierflächen in alle formellen und informellen Planungsinstrumente aufgenommen werden.
Kreativ eingesetzte Verfügungsfonds könnten mit kleinen Summen viel ermöglichen.
Plattformen zur Information und Vernetzung (wie Leerstandsmelder, openberlin u. a.) könnten eingerichtet und durch Apps ergänzt werden.
Schließlich wäre eine Unterstützung von ZwischennutzerInnen hinsichtlich Haftung und anderen Versicherungen möglich.[12]

Vor allem aber bräuchte es eine höhere Akzeptanz für den Informellen Urbanismus in den Verwaltungen – und kompetente AnsprechpartnerInnen. Dies führt uns zu dem Bild vom Anfang zurück: Ohne so etwas wie die ZZZ wären weder der obere noch der untere Teil des Eisbergs für Stadtverwaltungen verständlich oder kommunikativ erreichbar. Nur durch ihre »amphibische« Arbeit können die Potenziale des Informellen für die Stadtentwicklung gehoben werden.

---

[12] Vgl. hierzu die Ideen von Haury, Stephanie / Willinger, Stephan: »Die Informelle Stadt des 21. Jahrhunderts. X-Town 2025 – ein Szenario«. In: BBSR (Hrsg.): Innovationen in der räumlichen Planung. Informationen zur Raumentwicklung, Nr. 3, 2015; und die Überlegungen von Otto, Benjamin:

STEPHAN WILLINGER

(*1965) lebt in Bonn und hat an der Universität Dortmund, der Universität Berlin und an der Kunstakademie Düsseldorf studiert. Seit 2002 arbeitet er im Bundesinstitut für Bau-, Stadt- und Raumforschung in Bonn im Bereich Stadtforschung und ist Projektleiter für die Nationale Stadtentwicklungspolitik. Er forscht zu Informellem Urbanismus und Partizipation und lehrt an der TU Dortmund. Zurzeit interessieren ihn besonders neue intermediäre AkteurInnen wie die ZZZ.

New Spatial Agents and the Role of Informality in Urban Development
Stephan Willinger

If one looks back at the last 15 years of urban development in Germany, one may note a marked rise in the variety of types of informality. This rise in informality has been triggered, strengthened and promoted by a positive constellation of new structural conditions, including changes in everything from demographic conditions and the degree of globalization to lifestyles and the concept of the state. Today, one can speak of an increase in civil society activities as well as a distinct shift in attention in favor of informality and informal actors. The technological transformation of communication has resulted in the development of self-organized, influential networks. The diversity of actors and stakeholders involved enriches our urban societies, but it also makes our urban development processes increasingly complex and therefore also challenging for administrations, which see themselves as controlling bodies.

Temporary use projects represent the visible and particularly striking tip of an iceberg that can be collectively described with the terms "self-made city" or "informal urbanism." The enormous bulk of this iceberg continues to be largely unknown to city administrations. Thus, attempts are being made to get to know it better. Kees Christiaanse suspects that in the past, temporary uses"[...] would have been seen by the investment establishment simply as a hobby for some left-wing, socially engaged planners from the leftist scene. But today, business developers, municipalities and property owners alike have woken up to the fact that the sustainable and successful development of urban life cannot be achieved without a consideration of contextual aspects. [...] Traditionally seen as threatening to the interests of owners and developers, informal uses are now increasingly embraced as valuable indicators for potential growth."[1] Yet the investigation of the entirety of the iceberg needs time. Planners are still torn between the contradictory requirements of creativity and order, testing and safeguarding, moment and duration and freedom and control.

From Leipzig to Bremen
In the 1990s, municipal urban development relied on image policy and a strategy of festivalization or (re)discovered entrepreneurial urban development in the form of public-private partnerships. Since the beginning of the 2000s, people engaged in the (sub)cultural sector have become the focus of interest. Cities have branded themselves with the ostensibly "creative class" and attempted to link up their urban development with new economic groups, their lifestyles and their added values. This misunderstanding, which saw advertising agencies and programmers as initiators, was one of the Trojan horses that would contribute to the acceptance of temporary use projects at the close of the decade. In between came the shock of shrinking cities, triggered by the report issued by the commission

---

1 Kees Christiaanse, "Preface," in Philipp Oswalt, Klaus Overmeyer and Philipp Misselwitz, urban catalyst: The Power of Temporary Use (Berlin, 2013), p. 5.

"Wohnungswirtschaftlicher Strukturwandel in den neuen Bundesländern" (Residential Structural Change in the New Federal States) from 2000, which demanded the demolition of several hundreds of thousands of residential units in eastern Germany. This demolition preserved the integrity of the real estate market and thus established a new, excessive availability of space. A short time later, the international research project Urban Catalyst for the first time systematically informed German planning scene about the variety of temporary use projects throughout Europe. In 2003, raumlabor, about 100 youths and the Thalia Theater repurposed a vacant prefabricated building in Halle for several weeks. The project, entitled Hotel Neubau, was a paradigmatic project that illustrated the possible dimensions of informal urbanism. Initial experience was collected near the Bauhaus in Dessau, above all in Leipzig, about the strategic approach to temporary uses.

It is an interesting coincidence that, concurrent with the postulation of the "European City" by European urban development ministers in the Leipzig Charter, the approach to this type of city experienced a major transition, of all places in Leipzig. In the 2000s, Leipzig was a trailblazer in Germany. The official inclusion of temporary use of open spaces and systematic support for squatted houses paved the way for the inclusion of informality in today's urban development arsenal. The Office for Urban Renewal and Housing Construction Promotion recognized early on that unconventional initiatives and experimental spatial uses by civic groups can provide an important impetus for stagnating urban districts. For this purpose, new communication structures were set up with local actors who thus became the instrumental promoters of urban development. Head official Karsten Gerkens, one of the driving forces of this strategy, states: "We cannot prescribe the objects that have to be dealt with. HausHalten e.V. has to tell us which objects they can work on. Those of us from the administration are not familiar with all of the complex contexts and cannot conclusively assess the pros and cons of a project. We lack the background experience that the actors have, in part, built up over years."[2] The creativity of HausHalten as an intermediary player was not expressed in social utopias but in the skillful organization of coordination processes during the establishment of trust between building owners, informal users and the administration. This pragmatic approach strengthens users, familiarizes owners with new paths and gradually changes administrative routines.

In 2006, the Federal Republic of Germany launched a study on temporary uses within the scope of the research program "Experimental Housing and Urban Development." In calling

---

[2] Translated from Karsten Gerkens, "Mehr als nur verwalten: Stadtentwicklungspraxis in Leipzig," in BMVBS, ed., stadt:pilot spezial "Offene Räume in der Stadtentwicklung: Leerstand—Zwischennutzung—Umnutzung (Bonn, 2012), p. 47.

attention to the strategic importance of informal user groups for urban development, they also made them politically tenable. After this preliminary work, it thus comes as no surprise that in 2009 Bremen's ZwischenZeitZentrale (ZZZ) was chosen from a large number of entries as one of 30 most innovative pilot projects in the area of national urban development policy. The jury honored the ZZZ's pan-urban and strategic approach as new and ambitious, but simultaneously as interconnected as possible with municipal administrative networks.

Civil Society and Urban Development – A Difficult Relationship

It is precisely this relationship between freedom and inclusion that invariably and repeatedly poses problems to city administrations in their cooperation with civil society actors. Temporary users are not participants in an official planning procedure but rather the co-producers of the city. Temporary users and all of the other groups that appropriate urban spaces do not participate in others' plans. Instead, they are active; they plan and build themselves, enlisting administrators only when it is absolutely essential for the implementation of their project.

While governmental action in urban development is geared toward the targeted pursuit of specific goals, the main characteristic of informal or civil-society actions is the fact that they arise from individual goals and desires. De Certeau would have called them "wild participations." Not all of the attempts to establish contact with this "wilderness" are without problems. "Municipal action adheres to the principle of legally verifiable, controllable, transparent, rational norms that are capable of winning a majority. Civic involvement is, in essence, exactly the opposite: partisan, emotional, oppositional, group-oriented."[3] Enrico Gualini describes "a special form of incommensurability between the sociospatial logic of civil-social action and the spatial logic of territorialization, which largely continues to dominate governmental action."[4]

This is why many cities fall short in their attempts to "bring a bit of life into the city" by designating an official representative for temporary uses projects. It would be a fundamental misunderstanding to view an intermediary player such as the ZZZ as someone who organizes temporary uses at sites designated by urban planners and then drives away the active individuals after the successful "valorization" of the site. Neither temporary uses nor their agents are sufficiently included in all of their dimensions if they are simply treated like urban development instruments. Temporary uses originate first of all and above all from users' individual desires to appropriate urban spaces. And only when one takes this into

---

3 Translated from Konrad Hummel, "Quartiersmanagement, Stadtentwicklung, Bürgergesellschaft," PND online, no. 4 (2008), p. 2.
4 Translated from Enrico Gualini, "Zivilgesellschaftliches Handeln und bürgerschaftliches Engagement aus stadtentwicklungspolitischer Perspektive: kritische Überlegungen zur Thematik," Elke Becker et al., eds., Stadtentwicklung, Zivilgesellschaft und bürgerschaftliches Engagement (Stuttgart, 2010), p. 20.

account, can one conceptualize urban development in such a way that civil-society groups are able to develop their full creative potential and fulfil their individual desires.

Today, almost all temporary uses are embedded in social and urban planning contexts and therefore, in addition to experimental and recalcitrant aspects, also include diverse aspects that correspond to official urban development concepts. In 2007, the members of Urban Catalyst summed up their experiences with the new generation of users as follows: "Temporary uses distinguish themselves in terms of space from the 'subcultures' of the 1960s and '70s, which saw themselves as countercultures and resulted in enclaves of isolated, mostly strongly ideologized collectives. Today's informal urban users operate almost in reverse: instead of creating enclaves they shape public places as magnets that, if successful, operate as hot spots that open themselves up to nearly any option or alliance. They are thus characterized by a great deal of permissiveness, if not even promiscuity. They are much more closely connected to the mainstream, which also makes them more urban."[5]

Spatial Agents as New Intermediaries

However, a "strategy of embrace" by the "facilitating state"[6] is not an adequate means of dealing with these groups. An image of informality that is too harmonious and which ignores its political dimension would be incommensurate with sophisticated urban development. Those who take a closer look at the potentials of informal urbanism will see fewer peace-loving gardeners and more self-confident citizens with a heightened sense for spatial demands, disadvantages and opposing interests. Peter Arlt succinctly sums up the task of "What City Planners Can Learn from Temporary Users" as follows: "Tactical city planning (1) has a goal for the city, (2) watches for people who are already active and (3) supports and supplements their activities wherever it finds them."[7]

Intermediary actors who can bridge the gap between the city administration and urban society are establishing themselves with increased frequency "as experts in the practices of bilateral communication and action,"[8] as Sebastian Beck writes. However, the ZZZ is not a classic intermediary player, i.e. "involved in communication and translation processes between citizens and elected city officials in an organized system,"[9] as Beck describes it. Rather, we are dealing "with new

---

5 Translated from "Urban Catalyst: Open-Source Urbanismus. Vom Inselurbanismus zur Urbanität der Zwischenräume," Arch+, no.183 (Situativer Urbanismus) (2007), p. 86.
6 Ibid.
7 Peter Arlt, in Oswalt et al. 2013 (see note 1), pp. 80–86, esp. p. 85.
8 Translated from Sebastian Beck, "Stadtentwicklung mit der Netzwerkgesellschaft: Zur Renaissance intermediärer Akteurslandschaften," vhw FWS, no. 5 (2015), p. 232.
9 Ibid., p. 233.

intermediaries whose logics of action cannot simply be instrumentalized from the top down on the part of the city. They articulate their own interests, use their own channels, work more bottom-up than top-down. ... They work network-oriented, geared toward cooperation and exchange between various groups of citizens."

An intermediary entity such as the ZZZ requires street credibility, has to speak the language of the users and at the same time remain a trustworthy contact person for the administration. It operates as an "amphibian creature" that can move smoothly in water and on land and is "viable and able to communicate both in the daily life of the district and in institutionally influenced worlds."[10]

The Prototype of Collaborative Urban Development

How can new, creative governance be shaped that is capable of appreciating informal urbanism projects as promising building blocks? It clearly has to distinguish itself from conventional planning practices and (quite contrary to plans by economic actors that consolidate early) accept the contingency of the practice, indeed, literally elevate it to the level of a principle. Concentration on the endogenous potential of the planning area, which has to be discovered first, and tolerating spaces of negotiation for defining goals break through the routines of competence-related administrative action and engender uncertainty. The outcome of such processes is therefore highly experimental—which is actually the opposite of planning.

As early as 2011, Simone Geßner from the Bremen's Senate described temporary uses as a "permanent responsibility of urban planning," thus demonstrating how well the city already understood this five years ago. This type of open urban development policy requires a strategic dialogue with civil society as the foundation of sustainable planning culture. The ZZZ takes on this task in Bremen with regard to creative city makers. And one can perhaps describe the philosophy of the ZZZ's work by drawing on the words of Hişar Hüseyin Ersöz: "The incessant dynamization of our world creates an increasing need for planning while the amount of what can be planned is simultaneously shrinking. A situative version of planning is becoming increasingly necessary. The planning time manager of the classic modern era becomes a postmodern player who, through flexibility, spontaneity and the power to improvise, attempts to achieve time sovereignty, at least in the short term, in order to remain capable of acting."[11]

---

10 Translated from Oliver Fehren, "Amphibische Wesen: die intermediäre Anreicherung des Quartiersmanagements," vhw FWS, no. 5 (2015), pp. 251–54, esp. p. 253.
11 Hisar Hüseyin Ersöz, "Urbane Resilienz—Stadtplanung in Zeiten der Beschleunigung," stadtaspekte (February 8, 2013), www.stadtaspekte.de (accessed on March 26, 2014).

The ZZZ's work impressively demonstrates what dealing with the uncertain and "unplannable" could look like. Its work ranges from small interventions to major projects, from ramshackle sheds to creative hubs.

This approach is nowhere near mainstream in Germany. In most cities, temporary uses still have to operate in private or can only be stabilized through public pressure. Their active inclusion in the development of (new and old) urban districts is still the exception.

What can be done to more strongly support temporary uses? Here are several ideas:

Representatives of urban policy and the administration should spend their allotted days for advanced training in building workshops conducted by temporary users in order to be able to understand the world (and the charm) of informality.
Beginning with the land use plan, experimental sites could be incorporated into all of the formal and informal planning instruments.
Creatively employed availability funds could enable a great deal with small amounts.
Information and network platforms (such as Leerstandsmelder, openberlin, et al.) could be set up and supplemented by apps.
Finally, the support of temporary users with respect to liability and other types of insurance would be possible.[12]

However, above all it requires more acceptance for informal urbanism in administrations—and competent contact persons. This leads us back to the image at the beginning: without something like the ZZZ, neither the upper nor the lower part of the iceberg would be understandable for city administrations, nor would it be communicatively achievable. The potentials of informality can only be heightened for urban development by means of "amphibian" work.

STEPHAN WILLINGER

(*1965) lives in Bonn and studied at the University of Dortmund, the University of Berlin and the Kunstakademie Düsseldorf. He has worked at the Federal Institute for Research on Building, Urban Affairs and Spatial Development in Bonn since 2002 and is the project manager for national urban development policy. He conducts research on informal urbanism and participation and teaches at TU Dortmund University. He is currently interested in particular in new intermediary players such as the ZZZ.

---

12 On this, see the ideas of Stephanie Haury and Stephan Willinger, "Die Informelle Stadt des 21. Jahrhunderts: X-Town 2025—ein Szenario," in BBSR, ed., Innovationen in der räumlichen Planung: Informationen zur Raumentwicklung, no. 3 (2015); and the considerations by Benjamin Otto, Zwischennutzungen in Berlin: Die Motive der Akteure und die Rolle der Stadtplanung (Berlin, 2015), p. 188.

Verstetigung von Zwischennutzungen in der alltäglichen Praxis

Zwischennutzungen sind in Bremen aus dem Status des Experimentellen herausgetreten und wurden als Möglichkeit entdeckt, wirtschaftliche und soziokulturelle Erfolgsmodelle zu etablieren. KreativunternehmerInnen und Vereine greifen auf das Modell ebenso zurück wie die Stadt Bremen, um Gebäude und Brachen experimentell und nachhaltig zu beleben. Als Modell der Selbstorganisation spricht es engagierte StadtmacherInnen an, die ihre Quartiere beleben wollen. Für wirtschaftlich handelnde AkteurInnen bedeuten Zwischennutzungen die Möglichkeit, mit begrenztem Risiko in temporären Raumkonstellationen an ihren Ideen zu arbeiten und diese bei Gelingen zu verstetigen.

Popularisierung von Zwischennutzungen

Nach sieben Jahren Arbeit der ZwischenZeitZentrale und nach umfangreicher Berichterstattung in den Medien begegnen einem Zwischennutzungen in Bremen heute im alltäglichen Sprachgebrauch und in der urbanen Praxis. Die Projekte, die als Zwischennutzungen bezeichnet werden, sind dabei höchst unterschiedlich. Im Vordergrund der meisten dieser Projekte steht die Befristung der Raummiete auf einen begrenzten Zeitraum oder der Übergangscharakter der Nutzung bis zu einem feststehenden Nutzungswechsel.

Ein augenfälliges Beispiel für diese Nutzungen, die in den letzten Jahren entstanden sind und als Zwischennutzung wahrgenommen werden, ist die Nutzung eines Ladens im Bremer Ostertorviertel durch einen Spargel- und Früchtestand im halbjährlichen Wechsel mit einem Kunsthandwerkladen. Im eigentlichen Sinne ist es keine Zwischennutzung, da die Gesamtnutzungsdauer nicht befristet ist und reguläre Nutzungskonditionen gelten. Es kommen aber die

Vorteile einer zeitlich befristeten Nutzung der Räume zum Tragen, die sich an die Nachfrage anpasst.

Ein weiteres Beispiel für die ungewöhnliche Umnutzung eines Ladenlokals, die inspiriert ist durch den Zwischennutzungsgeist, der durch Bremen weht, ist das Fischers im Bremer Stadtteil Schwachhausen.[1] Seit dem Kauf im November 2012 wird das ehemalige Ladenlokal mit angrenzenden Büros als Möglichkeitsraum vor allem zum Bridgespielen mit Turnieren und Jugendförderung, aber auch für viele weitere Veranstaltungen wie Vorträge und private Feiern genutzt.

An die Stelle der herkömmlichen Ladennutzung ist in beiden Beispielen eine unkonventionelle neue Nutzung getreten. Obwohl Konditionen und Beschaffenheit dieser Nutzungsbeispiele von dem abweichen, was die ZZZ in ihren Projekten vorantreibt, zeigt sich hier, dass es sowohl aufseiten der NutzerInnen als auch aufseiten der EigentümerInnen und der Verwaltung ein wachsendes Verständnis und Interesse für zeitlich begrenzte Nutzungsmodelle und für die Erprobung von Leerständen mit neuen Nutzungen gibt. Mit den durchgeführten Good-practice-Modellen der ZZZ gibt es zudem einen Beispiel- und Erfahrungspool für diese lange als unkonventionell wahrgenommene Art der Nutzung von leer stehenden Immobilien und Brachflächen. Gerade für die perspektivisch steigende Anzahl von Ladenleerständen ergeben sich hier neue Nutzungsmodelle, die eine Alternative zum Umbau der Erdgeschossebene zu Wohnraum aufzeigen und den Stadtraum beleben.

1 http://www.fischers-treff.de

Selbstorganisation

Die Orte, an denen sich selbstorganisierte Um- und Zwischennutzungen finden, sind in Bremen insbesondere das Ostertor-/Steintorviertel und die Bremer Neustadt. In beiden Quartieren wohnen überdurchschnittlich viele StudentInnen, Kreative und Selbstständige, die ein hohes kreatives Potenzial und Engagement besitzen. Auch viele freie und städtisch geförderte Kulturinstitutionen sind hier angesiedelt. Aus dem Kreis dieser AkteurInnen werden viele Anfragen mit Ideen und Raumbedarfen an die ZZZ gestellt, gleichzeitig funktioniert die Suche nach und die Aktivierung von geeigneten Räumen stark in Eigeninitiative. Die ZZZ wird in diesem Fall als ratgebende Institution kontaktiert, ob sie bei der Umsetzung des schon angeschobenen Projekts helfen kann, indem sie weitere InteressentInnen vermittelt oder bei rechtlichen Fragen und der Gestaltung von Verträgen hilft.

Gerade in der Bremer Neustadt haben sich in den vergangenen Jahren viele neue soziokulturelle und kreativwirtschaftliche Aktivitäten etabliert. Ein wichtiger Bestandteil dieses Prozesses war die Zwischennutzung DETE im Jahr 2013/14. Hier entstand im ehemaligen Möbeleinrichtungshaus Deters das »Kultureinrichtungshaus DETE« als soziokulturelle Anlaufstelle. In den oberen Etagen gab es Arbeits- und Ausstellungsräume, im Erdgeschoss einen Café- und Kneipenbetrieb mit regelmäßigen Veranstaltungen, von Improtheater über Konzerte bis hin zu Barcamps und Workshops. Dieses Projekt war per Zwischennutzungsvertrag zu reduzierter Miete auf ein Jahr begrenzt und mit kleinen baulichen Maßnahmen baurechtlich in diesem Zusammenhang genehmigt worden. Während der Laufzeit des Projekts wurde deutlich, dass es eine enorme Nachfrage nach einem Ort wie der DETE in der Neustadt gibt. Obschon sich eine Verlängerung des Projekts mit dem Eigentümer trotz starker Unterstützung aus dem Stadtteil nicht realisieren ließ, stellte es für die

MacherInnen der DETE kein Scheitern dar, sondern das kalkulierte Ende des Zwischennutzungsprojekts.

Die positive Erfahrung, die gewonnene Expertise und der Rückhalt der Neustädter Nachbarschaft führten dazu, dass sich aus dem Projekt mittlerweile mehrere ähnliche neue Projekte entwickelt haben und die Neustadt momentan als der urbane Möglichkeitsort für neue soziokulturelle Gestaltungs- und Veranstaltungsräume und innovative Gastronomiekonzepte gilt.[2] Eine Unterstützung von Zwischennutzungen durch die ZZZ wie für das CAFÉ RADIESCHEN (2011), das Urban-Gardening-Projekt AB GEHT DIE LUCIE! (2013) oder das KUKOON (2015) erweist sich als nicht mehr notwendig, vielmehr gilt es, die bestehenden Projekte in der Verstetigung zu unterstützen und in reguläre Mietverhältnisse zu überführen oder Kaufoptionen auszuhandeln.

Institutionalisierte Nutzungen

Ein Beispiel, wie die Stadt Bremen als Immobilieneigentümerin selbst inzwischen das Instrument Zwischennutzung einsetzt, ist die neue Nutzungsstrategie für die Einkaufspassage LLOYDHOF. Die Einkaufspassage mit zahlreichen Ladenlokalen wurde Ende 2012 von der Stadt Bremen gekauft, um Platz für ein neues innerstädtisches Einkaufscenter zu schaffen. Bis zum avisierten Verkauf an eineN InvestorIn im Frühjahr 2015 wurde es für diese befristete Zeit gemeinsam von der Wirtschaftsförderung Bremen, der City-Initiative Bremen (Marketingverein der Innenstadt) und der ZZZ mit regulären Nutzungen und Zwischennutzungen belebt. Nach dem Scheitern

---

[2] http://www.radiobremen.de/gesellschaft/themen/neustadt-gastronomie-boom100.html

des BieterInnenverfahrens für das innerstädtische Shoppingcenter 2015 wurde von der Wirtschaftsförderung und der City-Initiative das CITYLAB als Zwischennutzungskonzept entwickelt, das bis zu einer endgültigen Perspektive für den LLOYDHOF eine Belebung mit kreativen Pop-up-Stores lokaler ProduzentInnen und Veranstaltungen erreichen soll. Für die Umsetzungen dieses Konzepts wurde das CITYLAB mit finanziellen Mitteln ausgestattet, die neben kleineren baulichen Maßnahmen dem Marketing und der Betreuung der Zwischennutzungen zufließen. Zur Förderung lokaler ExistenzgründerInnen werden auch vergünstigte Mieten angeboten.

Mit dem CITYLAB setzt die Stadt Bremen ein Konzept um, das in Teilen auf den Ideen und Erfahrungen (und teilweise den NutzerInnen) aufbaut, welche die ZZZ im LLOYDHOF und an anderer Stelle gesammelt hat. Es folgt einem Trend, der sich auch in anderen Städten entwickelt hat, in denen innerstädtische Shoppingcenter von Leerstand betroffen sind.[3] Die Zwischennutzung etabliert sich hier in der zeitgemäßen Angebotsform von Einkaufsgelegenheiten, die in immer stärkeren Maße von Eventisierung geprägt sind. Die Zwischennutzung schränkt die Verfügbarkeit eines Angebots zeitlich ein und macht es zu einem exklusiven Erlebnis. Plattformen wie Go-PopUp oder brickspaces bieten für diese Nutzungen die zeitgemäße Angebotsplattform im Internet. Gleichzeitig verabschiedet sich diese Form der Zwischennutzung mit Corporate Identity von den experimentellen, überraschenden, unvorhersehbaren Ansätzen, die die überkommene Form der Nutzung komplett hinterfragen.

---

3 http://www.stuttgarter-nachrichten.de/inhalt.fluxus-und-co-pop-up-stores-kaum-chancen-fuer-originelle-haendler.15247edb-e81f-4503-9993-b35c8f8e773e.html

HÄUFIGKEIT VON ARTIKELN[1] ZU ZWISCHEN- NUTZUNGEN 1990–2014 NACH IHRER RELEVANZ

Frequency of Articles[1] about Temporary Use
Projects between 1990 and 2014, Sorted by Relevance

- Relevanzstufe 1 *Relevance Level 1*
  Zwischennutzung zentral *Temporary Use–Main Topic*
- Relevanzstufe 2 *Relevance Level 2*
  Zwischennutzung kontextual *Temporary Use–Contextual Reference*
- Relevanzstufe 3 *Relevance Level 3*
  kontextuale Diskurse *Contextual Discourses*

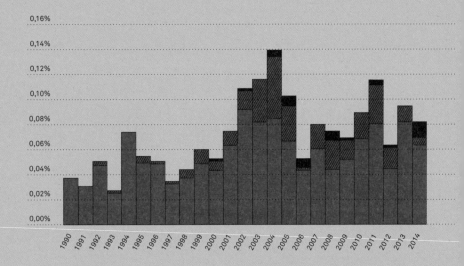

1   Kumulation aller untersuchten Zeitschriften; Anteil relevanter
    Artikel an der Gesamtzahl aller untersuchten Artikel
    *Accumulation of all journals evaluated; share of relevant articles
    in the total number of all articles evaluated*

Quelle Grafik: Thomas Honeck, Leibniz-Institut für Raumbezogene Sozialforschung (IRS).
Aus dem Heft 03.2015 »Informationen zur Raumentwicklung (IzR)«, BBSR Bonn
*Source of diagram: Thomas Honeck, Leibniz Institute for Research on Society and Space (IRS).
From no. 03/2015 "Informationen zur Raumentwicklung (IzR)," BBSR Bonn*

Sandra Hörner, Tilman Schwake und Frederik Niemann von Wedderbruuk (von links nach rechts) Sandra Hörner, Tilman Schwake and Frederik Niemann of Wedderbruuk (from left to right) © Tanja Hörner

**AUS DER PERSPEKTIVE EINER ZWISCHENNUTZERIN:
SANDRA HÖRNER, WEDDERBRUUK**

Sandra Hörner ist seit Frühjahr 2013 Zwischennutzerin und Mitbegründerin von WEDDERBRUUK, Vintage Möbel & Interieur. Gemeinsam mit ihren PartnerInnen setzt die Diplom-Produktdesignerin, Schwerpunkt Textildesign, die Idee eines Ladens mit Vintagemöbeln um.

Sandra Hörner WEDDERBRUUK ist ein Secondhandladen für Möbel und Einrichtungsgegenstände der 1950er, 1960er und 1970er Jahre, außerdem verkaufen wir Handgemachtes wie Beutel und Taschen, siebbedruckte T-Shirts und Postkarten. »Wedderbruuk« kommt aus dem Plattdeutschen und heißt »etwas wiederbringen / wiedergebrauchen«. Wir wollen gebrauchte Möbel und Einrichtungsgegenstände, die stilvoll gebaut und in einem qualitativ guten Zustand sind, an neue NutzerInnen weitergeben.

Nach dem Studium wollten wir, Tanja Hörner, Tilman Schwake, Frederik Niemann und ich, selbstständig eine nachhaltige Idee umsetzen. In der Neustadt haben wir einen zum Verkauf stehenden Laden entdeckt, durch den unsere Idee eines kleinen Gebrauchtmöbelgeschäfts mit Café-Betrieb beflügelt wurde. Der Kreditantrag bei der GLS Gemeinschaftsbank eG schlug fehl, trotz des Interesses an unserem Konzept. Die fehlenden Zahlen und Erfahrungswerte waren das Ausschlusskriterium. So haben wir uns zunächst auf den Onlinehandel (eBay und Kleinanzeigen) mit gebrauchten Möbeln konzentriert.

Die Möglichkeit, eine leer stehende Ladenfläche zu günstigen Mietkonditionen sowie mit kurzfristiger Kündbarkeit des Mietverhältnisses anzumieten, empfanden wir als tolle Chance. Im Spätsommer 2012 stellten wir uns mit unserem Konzept im ZZZ-Büro vor. Im Herbst und Winter schauten wir uns auf ZZZ-Empfehlung hin einige leer stehende Immobilien an. Im Februar 2013 besichtigten wir gemeinsam mit der ZZZ und anderen Interessierten den LLOYDHOF. Zum 15. März 2013 mieteten wir einen 60-Quadratmeter-Raum auf zwei Jahre befristet und richteten den Laden mit wenig Kosteneinsatz für Renovierung und Inventar mit handwerklicher Unterstützung der ZZZ her.

Durch die Ladenpräsenz und einen Artikel im Weser Kurier kamen von Anfang an Personen auf uns zu, um uns Möbel anzubieten. Meistens waren es private Wohnungsauflösungen. Unsere Verkaufszahlen waren am Anfang relativ gering, doch durch den Internethandel hatten wir eine zweite Einnahmequelle. Als Mitte 2014 unser Nachbar Christian Leon mit seinem Café NOON aus dem LLOYDHOF in das Foyer Kleines Haus des Theaters Bremen zog, nutzten wir die Chance und zogen in den mehr als doppelt so großen Laden mit großer Schaufensterfläche, besserer Sichtbarkeit und mehr Laufkundschaft um. Das Risiko der höheren Fixkosten einzugehen und die größere Verkaufsflache immer mit ausreichend Möbeln ausstatten zu müssen, hat sich gelohnt.

Im März 2015 wurde unser Mietvertrag um ein Jahr verlängert. Seit 2014 zahlen wir uns ein kleines Gehalt aus, das wir 2015 und 2016 nochmals etwas aufstocken konnten, sodass wir, mittlerweile nur noch zu dritt, knapp davon leben können. Im Mai 2016 wurde aus dem LLOYDHOF das CITYLAB und unser Mietvertrag wurde in diesem Rahmen bis Ende 2017 verlängert. → Projektsteckbrief Wedderbruuk S. 235
→ http://www.wedderbruuk.de

AUS DER PERSPEKTIVE EINER ZWISCHENNUTZERIN: KATHRIN VORSMANN, GLASBOX

Kathrin Vorsmann erprobte im Jahr 2011 in einer Zwischennutzung das Ladenkonzept der Glasbox – hier wird Handgemachtes produziert und verkauft. Die Glasbox besteht seitdem. Im März 2016 eröffnete sie ihren zweiten Laden, die Stoffbox, in dem Stoffe, Kurzwaren und ein Kreativsortiment angeboten werden.

Kathrin Vorsmann In der GLASBOX verkaufe ich meine handgemachten Produkte und ausgewählte Waren anderer Kreativschaffender. Bedingung ist eine faire Produktion ohne industrielles Zutun. So werden ausschließlich Unikate und Kleinstserien angeboten, deren ProduzentInnen ich kenne. Ursprünglich plante ich nach dem Studium an meiner Dissertation zu arbeiten. Andererseits ließ mich die Idee eines eigenen Ladens, in dem ich meine handgemachten Produkte anbieten und zusätzlich anderen eine Plattform bieten kann, nicht los. Die Vorstellung, dieses Projekt umzusetzen, erschien mir zu diesem Zeitpunkt jedoch utopisch.

Durch das Zwischennutzungsprojekt NEULAND (2010) lernte ich die ZZZ kennen und bei einem späteren Treffen 2011 sprachen wir über meine Projektidee. Plötzlich ging alles sehr schnell und innerhalb einer Woche wurde mir mein erster Laden in einer ehemaligen Pizzeria am Siemenshochhaus, am Rande der Bremer Innenstadt, zugesagt. Die ZZZ hatte diesen Laden am 1. April 2011 mit einer Veranstaltung eröffnet, und ab dem 17. Mai konnte ich für ein Jahr in den 25 Quadratmeter großen Raum einziehen. Das kam für mich zwar sehr überraschend, bot mir aber die große Chance, die Idee mit sehr geringem Risiko zu testen und mich auszuprobieren. Der Zuspruch der KundInnen und ihr Feedback bestärkten mich darin, die Idee nicht fallen zu lassen. Im Gegenteil: Sie wuchs.

In dieser Zeit war die Unterstützung durch die ZZZ sehr hilfreich. Sie hatte wertvolle Tipps, stellte den Kontakt zum Eigentümer her und hielt auch die Augen nach einem neuen Ladenlokal offen. Ebenso war die ZZZ jede Woche für einige Stunden als Untermieterin in der Glasbox und bot eine Sprechstunde für Zwischennutzungsinteressierte in der Bahnhofsvorstadt an. Trotz finanzieller Herausforderungen verlor ich nicht den Mut und erarbeitete mir das notwendige Wissen für meine Selbstständigkeit in Eigeninitiative. Dank dieser Zwischennutzung konnte ich vor allem einigen finanziellen Belastungen, wie den Mietkosten, entgehen und das so Gesparte stattdessen in notwendige Erstanschaffungen investieren. Aus dieser ersten Zwischennutzung ergab sich die Möglichkeit, eine weitere leer stehende gewerbliche Immobilie an einem anderen Standort zu vergünstigten Konditionen zu nutzen.

Nach diesen zwei Jahren entschied ich mich klar für die GLASBOX und wagte zum 1. März 2013 den Sprung in das stark frequentierte Ostertorviertel, in ein Ladenlokal mit unbefristetem Mietvertrag. Der Umzug aus einer abgelegenen Lage in die belebte Einkaufsstraße war der richtige und wichtige nächste Schritt. Ohne diese günstigen Ausgangsbedingungen hätte ich diesen vermutlich nicht gewagt. Seitdem befindet sich die GLASBOX an diesem Standort und verstetigt sich. Inzwischen führe ich sie zusammen mit meinem Lebensgefährten und wir beschäftigen drei Aushilfen. Zudem haben wir am 1. März 2016 die STOFFBOX eröffnet. Hier beschäftigen wir eine feste Arbeitskraft und eine Aushilfe.

→ https://www.facebook.com/GlasboxHB/

Glasbox: Kathrin Vorsmann inmitten von Selbstgemachtem
Glasbox: Kathrin Vorsmann among handmade objects © Kathrin Vorsmann

The Stabilization of Temporary Use Projects in Everyday Practice

In Bremen, temporary use projects started off as something experimental; their potential to establish economic and sociocultural models for success has however since been discovered. Creative entrepreneurs and associations and the City of Bremen alike use this model to experimentally and sustainably reanimate buildings and brownfields. Temporary use projects are a model of self-organization which speaks to committed city makers who want to enliven their neighborhoods. For economically-active players, temporary use projects present the opportunity to test out on their ideas in low risk, temporary spatial constellations, and, if successful, to work towards long-term and permanent perspectives.

Popularization of Temporary Use Projects

After seven years of work by the ZwischenZeitZentrale Bremen (ZZZ) and extensive media coverage, today one meets with temporary use projects in Bremen in everyday language and in urban practice. At the same time, the projects that are labeled as temporary uses are highly diverse. Most of these projects place priority on the limitation of rental costs for a limited period of time or the transitional character of the use until the change in use has been confirmed.

One striking example of these newly-emerging types of temporary uses is the seasonally alternating use of a retail space in Bremen's Ostertor district by an asparagus and fruit stall and an arts and crafts store. As such it is not a temporary use, as the overall usage time is not limited and normal terms of use apply. However, the advantages of a temporary use project which adjusts itself to demand have been realized here.

Another example for the unusual repurposing of a retail space inspired by the current temporary use zeitgeist in Bremen is Fischers in the Bremen district of Schwachhausen.[1] Since its purchase in November 2012, the former retail space with adjacent offices has been used as a space for various possibilities, above all for bridge tournaments and opportunities for youths, but also for numerous other events such as lectures and private parties.

In both examples, an unconventional new use has taken the place of the conventional use of the retail space. Although the terms and the nature of these examples deviate from what the ZZZ promotes in its projects, they make the growing understanding of and interest in temporary use models among users, owners and the administration, and the interest in testing new uses in vacant buildings apparent. Moreover, the good practice models that the ZZZ have realized have led to the development of the establishment of a pool of examples and experience for uses of vacant properties and brownfields which were long perceived as unconventional. This is particularly important for vacant retail spaces, which will likely become more numerous in the mid-term; temporary use projects present new use models that enliven urban space and offer an alternative to the conversion of ground floor properties into living spaces.

1 http://www.fischers-treff.de

Self-Organization

Self-organized repurposing and temporary use projects can be found in particular in Bremen's Ostertor/Steintor district and in Neustadt. An above average number of students, creative professionals and freelancers, who possess a great deal of creative potential and commitment, live in both districts. A large number of independent and city-funded cultural institutions are also located here. Numerous inquiries with ideas and needs for space have been made to the ZZZ from this group of actors; at the same time, the search for and the activation of suitable spaces occurs largely on individual initiative. In this case, the ZZZ is contacted as a consulting institution and asked if it can assist in the implementation of a project that has already been started, for example by recommending further interested parties, helping to clarify legal questions or drawing up contracts.

Numerous new sociocultural and creative activities have recently established themselves in particular in Bremen's Neustadt district. An important part of this process was the temporary use DETE in 2013/14. The "Kultureinrichtungshaus DETE" (cultural furnishing house) came about as a sociocultural drop-in center in the former Deters furniture store. There were work and exhibition spaces on the upper floors and a café and bar on the ground floor with regular events from improvisational theater and concerts to bar camps and workshops. The temporary use contract stipulated that this project be limited to one year at a reduced rent; in this context, the project received building permits to implement small-scale structural measures. During the life span of the project, the enormous demand for a site such as the DETE in Neustadt became apparent. Despite strong support from the district, an extension of the project could not be agreed upon with the owner. DETE's protagonists did not see this as a failure however, but rather as the calculated end of the temporary use project.

The positive experience, the acquired expertise and the backing of the people in Neustadt have meanwhile led to the development of new projects emerging from DETE's legacy; Neustadt is currently considered the urban location for new sociocultural creative and event spaces and innovative gastronomical concepts.[2] It turns out that the support of temporary use projects by the ZZZ such as CAFÉ RADIESCHEN (2011), the urban gardening project AB GEHT DIE LUCIE (2013) or the KUKOON (2015) is no longer required. Instead, it is necessary to stabilize existing projects and convert them into normal tenancies or to negotiate purchase options.

Institutionalized Uses

The new use strategy for LLOYDHOF shopping arcade is one example of how the City of Bremen as a property owner is itself using the instrument of temporary use. The City of Bremen bought the property, which features numerous retail spaces, in late 2012 in order to create room for a new inner-city shopping

---

2   http://www.radiobremen.de/gesellschaft/themen/neustadt-gastronomie-boom100.html

center. Until its planned sale to an investor in Spring 2015, Bremen's office for economic development, the City-Initiative Bremen (inner city marketing organization) and the ZZZ teamed up to activate the space through normal and temporary uses for a limited period of time. After bidding process failed in 2015, the office of economic development and the City-Initiative developed the CITYLAB as a temporary use concept with pop-up stores and events. This plan was intended to activate the LLOYDHOF through local creative pop-up stores and a variety of events until a conclusive perspective could be found for the property. The CITYLAB was given funding for the implementation of this concept, which was used for small structural interventions and the marketing and supervision of the temporary uses. Reduced rents were also offered in order to promote local entrepreneurs.

The CITYLAB is a concept that is, in part, based on the ideas and experiences (and partially also the users) which the ZZZ brought together in the LLOYDHOF and elsewhere. It follows a trend that has also developed in other cities in which inner-city shopping centers are affected by vacancies.[3] Here, the temporary use establishes itself in the contemporary format of shopping opportunities which are increasingly marked by eventization. The temporary use limits the availability of an offer in terms of time and turns it into an exclusive experience. Go-PopUp or brickspaces constitute timely online platforms for these uses. At the same time, this form of "temporary use with corporate identity" diverges from the experimental, surprising, unpredictable approaches that completely question the former use of the property.

[3] http://www.stuttgarter-nachrichten.de/inhalt.fluxus-und-co-pop-up-stores-kaum-chancen-fuer-originelle-haendler.15247edb-e81f-4503-9993-b35c8f8e773e.html

FROM THE PERSPECTIVE OF A TEMPORARY USER: SANDRA HÖRNER, WEDDERBRUUK

Sandra Hörner has been the temporary user and cofounder of WEDDERBRUUK Vintage Möbel & Interieur since spring 2013. In collaboration with her partners, the qualified product designer (with a focus on textile design) has implemented her idea for a store with vintage furniture. WEDDERBRUUK is a secondhand store for furniture and furnishings from the 1950s, '60s and '70s; we also sell handmade objects, such as bags and purses, silkscreened T-shirts and postcards. "Wedderbruuk" comes from Low German and means "to bring something back/reuse something." We want to pass on used furniture and furnishings that have been stylishly built and which are in good condition to others.

Sandra Hörner After completing our studies, we—Tanja Hörner, Tilman Schwake, Frederik Niemann and I—wanted to independently implement a sustainable idea. We found a retail space that was up for sale in Neustadt that lent wings to our idea for a small used furniture business with a café. The request for a loan from the GLS Gemeinschaftsbank eG fell through, despite their interest in our concept. The lack of capital and experience disqualified us from receiving a loan. We then concentrated on online trading (eBay and classified ads) with used furniture.

The possibility to rent a vacant retail space with favorable rental conditions with short-term termination of the rental agreement was a fantastic opportunity for us. In late summer 2012, we presented our concept to the ZZZ in their offices. On their recommendation, we viewed several vacant properties in fall and winter. We viewed the LLOYDHOF in February 2013 along with the ZZZ and other interested parties. Starting on March 15 2013, we rented a 60-square-meter space for a period of two years; we renovated and equipped the store at little cost by doing the manual labor ourselves in cooperation with the ZZZ.

The store presence and an article in the Weser Kurier resulted in people approaching us from the very beginning to offer us furniture. They were mostly people dissolving their households. Our sales figures were relatively low in the beginning, but we had a second source of income from online sales. In mid-2014, our neighbor Christian Leon moved his café NOON from the LLOYDHOF to the Foyer Kleines Haus at the Theater Bremen. We took advantage of the opportunity and moved into the retail space, he had occupied—it is twice the size of the one we had been in, with a large display window, better visibility and more drop-in customers. The gamble of higher overhead and the challenge of always finding enough furniture for the larger sales area paid off.

Our rental contract was extended in March 2015. We have been paying ourselves a small salary since 2014. We were able to raise it again somewhat in 2015 and 2016 so that we—meanwhile there are only three of us—can just live on it. In May 2016 the LLOYDHOF became the CITYLAB and in this context our rental contract was extended to the end of 2017.
→Project Profile Wedderbruuk, p. 235
→http://www.wedderbruuk.de

FROM THE PERSPECTIVE OF A TEMPORARY USER: KATHRIN VORSMANN, GLASBOX

In 2011, Kathrin Vorsmann tested her retail concept for the GLASBOX, a location where handmade objects are produced and sold, in a temporary use project. The GLASBOX has existed ever since. She opened a second store, the STOFFBOX, in March 2016, in which fabrics, sewing supplies and a range of other creative products are sold. I sell my own handmade products and selected products by other creative people in the GLASBOX. The products must be produced using fair labor and by hand. Thus only one-of-a-kind objects and small series by producers who I know are offered for sale.

Kathrin Vorsmann I originally planned to work on my Ph.D. thesis after completing my studies. On the other hand, I could not get the idea for my own shop in which I could sell my handmade products and also offer a platform to others out of my head. At this point in time, however, the idea of implementing this project seemed utopian.

I got to know the ZZZ through the temporary use project NEULAND (2010) and we discussed my idea for a project at a later meeting in 2011. Everything suddenly went really fast; within one week I was promised my first store in a former pizzeria near the Siemens high-rise at the edge of downtown Bremen. The ZZZ had opened this shop on April 1 2011 with an event and beginning May 17 I could move into the 25-square-meter space for one year. That came as a surprise to me, but it offered me the huge opportunity to test my idea with a minimum of risk and try my hand at having a shop. The encouragement of my customers and their feedback strengthened my resolve not to scrap my idea. On the contrary: it grew.

The support of the ZZZ was very helpful during this period. They gave me valuable advice, established contact with the owner and also kept their eyes open for a new retail space. The ZZZ also sublet the GLASBOX for several hours each week to advise people interested in temporary uses in Bremen's Bahnhofsvorstadt. Despite financial challenges, I did not lose my courage. On the contrary, I acquired the necessary knowledge for self-employment on my own initiative. Thanks to this temporary use project, I could above all avoid several financial burdens, such as high rental fees, and instead invest what I had saved in necessary initial purchases. This temporary use project led to the opportunity to use another vacant commercial space at another location with favorable rental terms.

After two years, I decided to go all-in on the GLASBOX; as of March 1 2013, I took the plunge and signed an open-ended rental contract on a retail space in the heavily frequented district of Ostertor. Moving from an outlying location into the busy shopping street was the right and important next step. I probably would not have taken the step without the favorable starting conditions presented by the temporary use project. The GLASBOX has been located here ever since and it is becoming stable. I meanwhile run it with my domestic partner and we have three part-time employees. In addition, we opened the STOFFBOX on March 1 2016, where we have one permanent and one part-time employee.
→https://www.facebook.com/GlasboxHB/

Risikoarme Erprobungen

The Low-Risk Testing of Unconventional Ideas

Opens Up

Economic Perspectives

unkonventio-
neller Ideen

eröffnen

ökonomische
Perspektiven

Zwangsläufige Nutzungskonflikte bei Innovationsprozessen – wie können Zwischennutzungen hier helfen?
Thomas Lecke-Lopatta

Die Betreuung von Zwischennutzungsprojekten bringt es mit sich, in vielfältige »Nutzungskonflikte« verwickelt zu werden. Welche Rolle Zwischennutzungen bei Immobilienerhalt und im Bereich niedrigschwelliger Existenzgründungen und Aufwertungsprozesse spielen können, ist mittlerweile allgemein anerkannt. Im Folgenden sollen auf der Basis von praktischen Projekterfahrungen in Bremen – die an anderer Stelle in dieser Publikation ausführlich beschrieben werden – sieben Thesen zu Gegenwart und Zukunft des Handlungsspektrums entwickelt werden. Was kann Verwaltung aus den genannten Projekten und insbesondere den damit verbundenen Konflikten im Vorfeld von langfristigem Nutzungswandel schon heute lernen? Wo könnte weitergehende Stadtforschung im Spannungsfeld von Konflikten und städtischer Innovation ansetzen?

These 1 **Innovationsprozesse in der Stadt und Nutzungswandel stehen in wechselseitiger Beziehung. Temporäre Zwischennutzungen können Trendwenden und Beschleunigung in Stadtentwicklungsprozessen herbeiführen.**

Natürlich ist nicht jeder Nutzungswandel als Innovationsprozess zu bezeichnen. Jedoch soll die These gewagt werden, dass ohne Nutzungswandel Innovationsprozesse in der Stadt nur bedingt stattfinden. Dabei ist Nutzungswandel hier wirklich im umfassenden Sinne zu verstehen. Eine traditionelle Sportart wird durch eine Trendsportart abgelöst, ein Kleingartengebiet, das mit Kleingewerbe durchsetzt war, muss der Luft- und Raumfahrtindustrie weichen usw. Eine zentrale Aufgabe der Stadtplanung ist es also schon immer, nicht nur dauerhaft Nutzungen (bauleitplanerisch) abzusichern, sondern auch Wandel durch planerische Begleitung beziehungsweise durch planerische Rahmensetzungen zu ermöglichen und manchmal auch durch vielfältige Stadtentwicklungsinstrumentarien und -prozesse aktiv anzustoßen.

Dabei ist es allerdings ein relativ neuer Ansatz, dass Städte nicht warten, bis Brachen wieder neue InvestorInnen finden oder eine Konversion durch neues Planungsrecht oder Sanierungsmaßnahmen eingeleitet wird, sondern dass Projekte der Kreativszene zugehörige Negativentwicklungen stoppen sollen und neue Ideen und Impulse für die Nutzungseignung erbringen. Nachweislich wird dieses Instrument nach anfänglicher Dominanz kommunaler Liegenschaften als Projektorte nunmehr auch verstärkt von privaten GrundstückseignerInnen angefragt und eingesetzt.

These 2 **Einem dauerhaften Nutzungswandel gehen häufig Nutzungskonflikte voraus. Verkürzt formuliert: Die Anzahl der Konflikte kann ein guter Indikator dafür sein, wie viel Innovation in einer Stadt passiert. Eine Stadt ohne Nutzungskonflikte schrumpft entweder oder ist nicht innovativ genug.**

Nicht jeder Flächenkonflikt bedeutet automatisch einen Innovationsprozess. Schrumpfende Städte haben genug Flächen für neue Nutzungsideen der unterschiedlichsten Art, vom Logistikzentrum über Kreativwirtschaft bis hin zu neuen Freizeitsportarten. Die Städte jedoch, die auf Innenentwicklung setzen und gleichzeitig innovativ, also für neue NutzerInnengruppen oder expandierende Unternehmen attraktiv sind, haben notwendigerweise Konflikte. Inwieweit diese konstruktiv in nachhaltige Innovations- und Aufwertungsprozesse gewendet werden können oder inwieweit diese destruktiv sind, ist erfahrungsgemäß von vielfältigen Aushandlungs- und Beteiligungsprozessen abhängig. Die Strategie, das

»verträgliche« Maß des Nutzungswandels an einem bestimmten Ort über eine temporäre Nutzung zu testen, kann hier konfliktvermeidend oder wenigstens konfliktmindernd wirken. Häufig handelt es sich um Fragen der Lärmrobustheit.

These 3 **Die Stadt lässt sich über Nutzungsmuster als Mosaik unterschiedlicher Toleranzzonen beschreiben. Zwischennutzungen helfen, das Toleranzmaß des jeweiligen Ortes und seiner Umgebung auszuloten und bestenfalls das Akzeptanzmaß der Nachbarschaft auszuweiten.**

Der Flächennutzungsplan beschreibt die Darstellung der Nutzungsarten, also das Patchwork der verschiedenen Nutzungen in der Stadt. Gleichzeitig bilden die einzelnen Darstellungen den Toleranzrahmen, wie beispielsweise die größere Immissionstoleranz oder anders ausgedrückt den geringeren Lärmschutz in der gemischten Baufläche / dem Mischgebiet gegenüber dem Wohngebiet. Befristete Nutzungen können auch hier den Praxistest darstellen, inwieweit die Toleranz gegenüber verschiedenen Nutzungen gegeben oder herstellbar ist, bevor über formelle Planverfahren eine Änderung der Baunutzungskategorie angestrebt wird. Anders ausgedrückt: Der Umfang des Konflikts, den eine temporäre Nutzung hier auslöst, ist ein guter Hinweis darauf, was noch alles zu beachten und zu bewältigen ist. Im Übrigen zeigt sich, dass es hierbei nicht nur um die Fragen geht, inwieweit die Nachbarschaft bestimmte Nutzungen akzeptiert, sondern häufig auch der Aushandlungsprozess über die Nachnutzung bestimmter Bereiche zwischen den Behörden so kompliziert ist, dass sich das Testen mit temporären Nutzungen anbietet. Gerade vor dem Hintergrund der Diskussion über »urbane Gebiete«, die insbesondere höhere Baudichten, aber auch ein weiteres Nutzungsspektrum wie Kreativwirtschaft, Veranstaltungen usw. ermöglichen sollen, können hier temporäre Nutzungen eine wichtige Zwischenstufe darstellen.

These 4 **Es müssen Wege gefunden werden, Wandlungsprozesse in der Stadt nicht nur über informelle Planungsinstrumentarien vorzubereiten und einzuleiten, sondern auch Wandel in einem rechtlich robusten Rahmen zu ermöglichen.**

Ganz abgesehen davon, dass SkeptikerInnen natürlich spöttisch einwenden könnten: »Verwaltungshandeln und Wandel – geht denn das überhaupt zusammen?«, soll hier gefragt werden, welche Stadtentwicklungsansätze und rechtlichen Rahmenbedingungen in der praktischen Umsetzung lohnend erscheinen. Stadtgliederungen, wie sie neuerdings vielfach im Rahmen von Stadtentwicklungskonzepten vorgenommen werden (vergleiche etwa Berlin), die die Stadt zum Beispiel in schrumpfende, wachsende, instabile und dynamische Bereiche einteilen, helfen zu identifizieren, wo Stadtentwicklungsprojekte ansetzen sollten. Ungeachtet dessen, dass natürlich zunächst einmal innerhalb jeder Kategorie der Baunutzungsverordnung ein bestimmter Wandel möglich ist, ist doch das rechtlich zulässige Spektrum des Nutzungswandels in den meisten Bereichen der Stadt relativ begrenzt. So ist auch § 34 (BauGB) wohl oft »wandelhemmend«. Es gibt jedoch bislang wenig genutzte Möglichkeiten, zumindest auf Ebene der vorbereitenden Bauleitplanung, Bereiche darzustellen, in denen Wandel beziehungsweise Diskussionen um Wandel auf Ebene der vorbereitenden Bauleitplanung eingefordert wird. So wurde im Bremer Flächennutzungsplan innerhalb des öffentlichen Grüns in einem Teilbereich ein »Gestaltungsraum« definiert, in dem Nutzungswandel von heute überwiegend Kleingärten in Richtung Urban Gardening, ökologische Ausgleichsflächen, aber auch Kleingarteninseln, die erhalten bleiben sollen, angestoßen werden soll. Ganz besonders deutlich wird auf den notwendigen Wandel und die zuvor notwendigen konzeptionellen Debatten im Bremer Flächennutzungsplan durch einige »Weißflächen« hingewiesen, für die die Aushandlungsprozesse des Anteils von Wohnen, Arbeiten und verschiedenen weiteren mischgebietstypischen

Nutzungen noch nicht abgeschlossen werden konnten. Darüber hinaus wurde ganz bewusst im Umfeld von Universitäten und dem Flughafen eine »Sonderbaufläche Innovation« dargestellt, in der es nicht mehr sinnvoll schien, auf Ebene der Flächennutzungsplanung eine eindeutige Flächenzuweisung von Forschungseinrichtungen, von gemischter Baufläche oder gewerblicher Baufläche vorzunehmen – und so auf kleinräumige Aushandlungsprozesse verwiesen wurde.

Leider hat sich der »Bebauungsplan auf Zeit« bislang nicht als praktikabler Experimentierrahmen für temporäre Nutzungen erwiesen. Per Definition sind jedoch die Instrumente des besonderen Städtebaurechts für Wandel geschaffen worden. Dennoch sollte auch überlegt werden, wie die anderen Instrumentarien im oben genannten Sinne weiterentwickelt werden. Zumal die bislang häufig angewendete Praxis der Duldung (bislang) nur bedingt hinreichend ist, um unnötige Konflikte zu vermeiden und um neuen Nutzungsmustern hinreichend Rechtssicherheit zu geben und so nachhaltige Rahmenbedingungen für unternehmerische Aktivitäten auch in Umbruchzonen und Experimentierbereichen der Stadt zu gewährleisten. Es bleibt zu hoffen, dass die hier auch an anderer Stelle erwähnten geplanten urbanen Gebiete ja tatsächlich nicht nur – wie oben angesprochen – Bereiche höherer Toleranz gewährleisten, sondern damit auch höhere Dynamik zulassen.

These 5 **Nutzungskonflikte können manchmal nicht nur Begleiterscheinung von Veränderungsprozessen sein, sondern können sogar Anstoß für weitergehende Innovationsprozesse geben. Temporäre Nutzungen sind mittlerweile in vielen Bereichen geübte Praxis. Dies kann und sollte noch ausgeweitet werden, da sie häufig 1:1-Modelle neuer Nutzungen und Ansatzpunkte gelebter demokratischer Partizipation darstellen.**

Wie oben dargelegt, gibt es keine Konflikte, wenn die Brache zu groß ist und die Idee gut in den alten Rahmen passt. Dies bedeutet dann aber ja, dass noch kein umfangreicher Strukturwandel ausgelöst wird. Nur wenn also wirklich Neues probiert wird und damit häufig leider auch bei den benachbarten NutzerInnen Besorgnis ausgelöst wird, kommt eine leidenschaftliche Debatte in Gang, um die optimale Folgenutzung zu finden und den rechtlichen Rahmen auszuhandeln. Dies erfordert eine enge Moderation durch Politik und Verwaltung, damit nicht BesitzstandswahrerInnen, die den Status quo erhalten wollen, am Ende »die GewinnerInnen« sind und mutige ProjektbetreiberInnen oder InvestorInnen vertrieben werden. Stattdessen können die neuen Nutzungen, die zunächst Konflikte auslösten, auch in Bauleitplanungsverfahren bewältigt werden. Natürlich ist auch heute die Verwaltung häufig zunächst gegen die Veränderung, wenn Neues manchmal nicht in übliche Genehmigungsrahmen hineinpasst und viel zu wenig die allen Seiten etwas »Luft« verschaffende probeweise Duldung genutzt wird. Duldungen können ja zumindest theoretisch auch ohne Weiteres widerrufen werden. In der Praxis kostet dies aber auch Kraft, um den geduldeten NutzerInnen entweder andere Orte schmackhaft zu machen oder die jeweiligen Projekte ersatzlos zu beenden. Natürlich können auch über konkurrierende Verfahren neue Nutzungen gefunden werden, aber das sind dann auch erst nur theoretische Überlegungen und die temporäre Nutzung bietet das Ausprobieren im 1:1-Modell.

Macht man sich von der engen Definition frei, dass temporäre Nutzungen nur Projekte der Kreativwirtschaft sind, wird man feststellen, dass bemerkenswerterweise von immer mehr NutzerInnengruppen, insbesondere von jungen BürgerInnen, temporäre Nutzungen als Mittel erkannt werden, um zu zeigen »was geht«. Es handelt sich also nicht nur um die Belebung von Brachen und leerstehenden Gebäuden, sondern auch zum Beispiel um deutlich zu machen, was vom öffentlichen Raum, der im Moment ausschließlich für motorisierten Verkehr genutzt wird, zum Beispiel für Radverkehr freigemacht werden kann. Die temporäre Nutzung, für die zum Beispiel für einige Tage eine Erlaubnis erteilt wird, ist also wieder ein 1:1-Experiment, das Aufwand erfordert, aber mit Sicherheit mehr Klarheit bringt als Überlegungen und konfliktreiche Streitereien. Nicht zuletzt gibt es keine wirksamere Methode, mehr aktive Partizipation von jungen MitbürgerInnen in der Stadtentwicklung zu ermöglichen.

In jedem Fall lässt sich empirisch belegen, dass die überwiegende Anzahl der im Rahmen der ZwischenZeitZentrale initiierten Projekte, die am Anfang Konflikte auslösten, am Ende als Gewinn für alle Beteiligten betrachtet wurden.

These 6 **Zwischennutzungsprojekte können manchmal verstetigt werden, jedoch ist bei einer Reihe von Projekten aber auch die »temporäre« Begrenzung aus konzeptionellen Gründen erforderlich.**

Die überwiegende Anzahl an Zwischennutzungsprojekten kann als Gewinn für die Stadtgesellschaft betrachtet werden – jedoch nicht alle. Einer der Gründe, warum im Einzelfall Frust entstehen kann, ist, dass nicht richtig ausgehandelt wird, ob es sich um eine wirklich temporäre Nutzung handeln soll oder um eine Zwischennutzung, die auch zur Dauernutzung führen kann. Derzeit wird in vielen Fällen gehofft, dass die Zwischennutzung zu einer Dauernutzung wird. Zwar sind häufig die Mietverträge in relativ kurzen Zeiträumen wieder auflösbar, in der Regel hoffen aber viele Beteiligte, sich dauerhaft Nutzungsrechte sichern zu können. Die hierdurch ausgelösten Konflikte müssten in vielen Fällen nicht sein, wenn von vornherein abgeklärt wird, ob es sich nicht konzeptionell um wirklich begrenzte Projekte handeln sollte. Dies kann unterschiedliche Begründungen haben. Zum einen, weil ein bestimmter Ort auch von neuen NutzerInnengruppen mit neuen Ideen und Nutzungskonzepten bespielt werden können sollte, um vielen MacherInnen den Raum zur Erprobung der eigenen Konzepte zu geben. Es kann aber auch sein, dass man eine bestimmte Idee/BenutzerInnengruppe als VorreiterInnen in einem anderen städtischen Bereich nutzen will, um die Adresse über den Zeitraum der Zwischennutzung hinaus bekannt zu machen. Um es noch einmal anders auszudrücken: Zum Beispiel hat das Verpachten öffentlichen Raums etwa an Sportvereine, KleingärtnerInnen usw. dazu geführt, dass diese sich »ewig« eingerichtet haben und neue NutzerInnengruppen, die zum Beispiel neue Sportarten betreiben wollen, oder andere Formen des Gärtnerns, wie Urban Gardening, keine Chance mehr haben, öffentlichen Raum zu erhalten – und damit auch städtische Innovationen nicht mehr zum Zuge kommen können.

Die Gründe, von vornherein klare Definitionen/Kündigungsfristen in den entsprechenden Verträgen vorzusehen, können also vielfältig sein. Darüber hinaus lehrt einen die Alltagserfahrung, dass manchmal etwas zeitlich Kompaktes besser ist als vor sich hin dümpelnde Projekte und der Charakter des Einmaligen, des Temporären die Attraktivität steigert. Man sollte also keine Angst davor haben, auch einmal von vornherein zu begrenzen. Dies ist in Bremen allerdings bislang keine gut geübte Praxis.

These 7 **Private GrundstückseignerInnen und öffentliche Grundstücksverwalterlnnen sollten sich verstärkt für temporäre Projekte öffnen und temporäre Nutzungen zum regelmäßigen Instrumentarium der Planung und Wirtschaftsförderung werden lassen. Die Funktion der Zwischennutzungen hat sich im Laufe der Zeit deutlich verändert und erhält immer mehr Bedeutung auch im Rahmen von sozialen Prozessen.**

Man könnte es auch so ausdrücken: Temporäre Nutzungen sollten nicht nur in Notsituationen wie bei jahrelangen Brachen und Gebäudeleerständen zugelassen werden.

Die Bremer Erfahrungen zeigen, dass ausgehend von der Idee einer Wiederbelebung von Orten (hier der brachliegenden Hafenareale) hin zur Sicherung von Immobilien in weiteren Phasen erfolgreiche Existenzgründungen in günstigen Bauten in den Vordergrund rückten. Aktuell stehen Themen wie die Frage, welche öffentlichen Räume zum Beispiel für Urban Gardening geöffnet werden können, und vor allen Dingen die Frage, wie nicht nur Orte wiederbelebt und erhalten werden können, sondern wie von den Projektorten Impulse wirtschaftlicher und sozialer Art in die betreffenden Stadtquartiere ausgehen können, im Vordergrund.

Darüber hinaus sind auch Felder denkbar, für die bislang zumindest in Bremen noch keine praktischen Erfahrungen vorliegen, zum Beispiel temporäre Wohnsiedlungen für breitere Bevölkerungsschichten. Aus stadtökonomischer und ökologischer Sicht sind die verschiedensten Experimente mit temporären Nutzungen und Infrastrukturen erforderlich, damit nicht wie in der Vergangenheit Infrastrukturen, lange bevor sie ökologisch und ökonomisch abgeschrieben sind, teuer entsorgt werden und neue entstehen müssen.

Schlussbemerkungen

Marco Venturi[1] verweist darauf, dass städtische Strukturen in der Regel schwerfälliger zu verändern sind, als die Innovationszyklen in Wirtschaft und Gesellschaft es eigentlich erfordern würden. Gerade in Umbruchsituationen würden Politik und Stadtplanung dabei Gefahr laufen, zu sehr auf neue und große Strukturen zu setzen.

Wenn Zwischennutzung nicht als Lückenfüllerin, sondern als echtes Planungsinstrument in der Innenentwicklung eingesetzt wird, lassen sich so gerade in Situationen, die schnell Raum für Innovationen erfordern, hoffentlich große Fehlallokationen ökologischer und ökonomischer Natur vermeiden. Hierin liegt neben den genannten partizipativen Effekten und dem Nutzen für den jeweiligen Ort die eigentliche Bedeutung von temporären Nutzungen beziehungsweise Zwischennutzungen.

Selbstverständlich gilt gerade auch für StadtplanerInnen in der Behörde, dass im Auftrag der BürgerInnen und der Politik dafür Sorge zu tragen ist, dass neue Nutzungsansprüche ohne »destruktive« Konflikte in der Stadt realisiert werden können. Temporäre Nutzungen können hier wesentlich zur Konfliktvermeidung oder -minderung beitragen.

Die Künstlerin Mary Bauermeister erkannte als zentrale Aufgabe der Kunst in den 1960er Jahren, zu kritisieren und zu provozieren. Sie erkannte dies als Notwendigkeit, gesellschaftliche Starrheit aufzubrechen. Für die heutige Zeit sieht sie eher die Dringlichkeit,

---

1 Venturi, Marco: »Innovationslose Städte«. In: Mückenberger, U. / Timpf, S.: Zukünfte der europäischen Stadt. Wiesbaden 2007.

als KünstlerIn zu einer Ordnung in einer immer unübersichtlicheren Gesellschaft beizutragen.² Wenn man nun dieses Bild auf die Situation vieler im Umbruch befindlicher Städte oder im speziellen Fall auf Bremen anwendet, kommt man zu dem Schluss, dass zumindest in einigen Stadtbereichen, in denen noch Brachen, eine hohe Arbeitslosigkeit, eine vergleichsweise geringe Attraktivität für junge Menschen und andere Phänomene des Stillstands oder sogar einer negativen Dynamik vorherrschen, als Beginn neuer Ordnung »konstruktives Chaos« notwendig ist. Die Aufgabe von temporären Projekten wird es zukünftig verstärkt sein, mitzuhelfen, die Potenziale für Nutzungswandel auch in der räumlichen und sozialen »Peripherie« auszuloten und so dort langfristige Innovationen vorzubereiten – auch wenn dies manchmal Konflikte auslöst.

Ich hoffe, es finden sich hierfür weiterhin mutige PionierInnen!

---

2 Vgl.: »Zwischentöne: Die Künstlerin Mary Bauermeister im Gespräch mit Tanja Runow«, Sendung vom 28.08.2016, 13:30h ausgestrahlt im Deutschlandfunk, online abrufbar unter: http://www.deutschlandfunk.de/musik-und-fragen-zur-person-die-kuenstlerin-mary.1782dehtml?dram:article_id=359581

THOMAS LECKE-LOPATTA

(*1955) lebt in Bremen und hat an der TU München Landschaftsarchitektur studiert. Nach seiner Assistenzzeit an der Uni Münster war er mit einem eigenem Planungsbüro für Stadtökologie in Bremen selbstständig und anschließend beim Stadtentwicklungssenator Bremen beschäftigt. Seit 1995 ist er beim Senator Umwelt, Bau und Verkehr beschäftigt und zuständig für den Flächennutzungsplan und die gesamtstädtische Standortplanung. Seit 1990 befasst er sich mit Brachenentwicklung und städtischen Innovationsprozessen und ist seit 2009 in der Lenkungsgruppe der ZwischenZeitZentrale.

Zwangsläufige Nutzungskonflikte bei Innovationsprozessen – wie können Zwischennutzungen hier helfen?

Blumenthal von oben – Perspektiven durch Zwischennutzungen
Blumenthal from above — Perspectives through Temporary Uses © Daniel Schnier

Unavoidable Use Conflicts during the Process of Innovation—How Can Temporary Use Projects Help?
Thomas Lecke-Lopatta

The supervision of temporary use projects is associated with being embroiled in multiple "use conflicts." The role that temporary use projects can play in the preservation of properties, in setting up low-threshold businesses and in valorization processes is generally acknowledged today. In the following chapter, seven hypotheses about the current and future scope of action based on practical project experience in Bremen which is described in detail elsewhere in this publication will be developed. What can administrators learn from these projects and in particular from the conflicts associated with them prior to a long-term change in use? What are some good starting points for further urban research about the interplay between conflicts and urban innovation?

Hypothesis 1 **The process of innovation and changes in use are interrelated. Temporary uses can bring about trend reversals in and/or accelerate existing urban development processes.**
Not every change in use can be referred to as a process of innovation, of course. However, the hypothesis should be ventured that, without use change, innovation processes in the city only take place to a limited extent. In this context, change in use is understood in a broad sense. A traditional type of sport is replaced by a trend sport or an allotment garden zone interspersed with small businesses has to yield to the aerospace industry, etc. One of the central tasks of urban planning has always been not only to permanently ensure uses (through land use plans), but also both to enable change through planning-related supervision or frameworks and occasionally even actively initiate it through various urban development instruments and processes.

At the same time, however, there is a relatively new approach, namely that cities do not wait until brownfields find new investors or that a conversion is introduced through new planning law or redevelopment measures, but rather that projects by people engaged in the creative sector help stop accompanying negative developments and provide new ideas and incentives for use suitability. Following the initial dominance of municipal properties as project sites, this instrument is now increasingly being examined and applied by private property owners as well.

Hypothesis 2 **A permanent change in use is often preceded by use conflicts. In short: the number of conflicts can be a good indicator of how much innovation is occurring in a city. A city without use conflicts is either shrinking or is not innovative enough.**
Not every site conflict automatically means an innovation process. Shrinking cities have enough sites for any variety of new use ideas, from a logistics center to the creative economy to new types of recreational sports. However, cities that rely on internal development and are innovative at the same time, i.e. attractive for new user groups or expanding enterprises, necessarily have conflicts. Experience has shown that the extent to which these conflicts can be constructively turned into sustainable innovation and valorization processes or the extent to which they are destructive is dependent on a wide variety of negotiation and participation processes. In this case, the strategy of

testing the "acceptable" extent of a use change at a specific site through temporary use can avoid conflicts, or at least lessen them. It is often a question of noise levels.

Hypothesis 3 **The city can be described as a mosaic of use patterns consisting of different tolerance zones. Temporary uses help to sound out the respective site's and its surroundings' tolerance level and ideally heighten the degree of acceptance in the neighborhood.**

The land use plan describes the types of use, thus the patchwork of different uses in a city. At the same time, the individual descriptions constitute the scope of tolerance, such as greater emission tolerance or, to put it another way, the poor noise protection in a mixed use area as compared with higher protection in a residential zone. However, temporary use projects can represent a practice test to determine the extent to which the tolerance is fixed or can be changed before the building use category is changed permanently and officially. In other words: the scale of the conflict that a temporary use causes is a good indication of what has to be taken into account and dealt with. Apart from that, it becomes apparent that this is not only a question of the degree to which neighbors accept specific uses, but often that even the negotiation process between public authorities with respect to the reuse is so complicated that testing temporary uses makes sense. In this case, temporary use projects can represent an important intermediate stage, especially against the backdrop of the discussion about "urban zones" which are to enable greater development density as well as a wider spectrum of uses, such as the creative economy, events, etc.

Hypothesis 4 **Ways have to be found to prepare and initiate transformation processes in the city not only through informal planning instruments but also within a legally sound framework.**

Skeptics could of course argue: "Administrative action and change—does that even go together?" The more constructive question is however which urban development approaches and legal framework conditions seem to be worthwhile in their practical implementation. Town subdivisions, as they have recently been carried out in many cases within the scope of urban development concepts (see Berlin, for instance), which divide the city into shrinking, growing, instable and dynamic zones help to identify where urban development projects should take place. Despite the fact that a certain amount of change is of course possible within any category of the land use ordinance, the legally admissible spectrum of use change is relatively limited in most areas of the city. Thus even Section 34 of the Federal Building Code often "inhibits change." However, up to now there have been little-used opportunities, at least at the level of preparatory land use planning, to delineate areas in which change or discussions about change are called for. Thus in Bremen's land use plan, a certain amount of "design flexibility" was defined for a section of public green spaces in which a change in use is to be initiated; the area should transition from a pure allotment garden zone towards urban gardening, ecological compensation areas and preserved islands of allotment gardens. The presence of several "white areas" in Bremen's land use plan, for which the negotiations about the proportion of living, working and various other uses typical of mixed-use areas could not yet be finalized, are a particularly salient indicator of the necessary change and the conceptual debates that must precede it. Moreover, a "special building area innovation" was deliberately represented in the vicinity of universities and the airport in which it no longer appeared sensible to undertake a clear allocation of land for research facilities, mixed development zones or commercial development zones—thus pointing out small-scale processes of negotiation.

Unfortunately, the "temporary land use plan" has thus far not proven to be a viable experimental framework for temporary uses. However, by definition, the instruments of special urban development law were created for change. Nevertheless, it should also be considered how other instruments might be developed in the above-mentioned sense. The practice of tolerance which has often been applied up to now is only partly sufficient for avoiding unnecessary conflicts, providing new use patterns with adequate legal security and thus also ensuring sustainable framework conditions for entrepreneurial activities in transitional zones and experimental areas in the city. We can only hope that the planned urban areas mentioned elsewhere not only actually ensure areas of higher tolerance but also permit more momentum.

Hypothesis 5 **Use conflicts are sometimes not only a concomitant phenomenon of change processes, but can even initiate further processes of innovation. Temporary uses are meanwhile practiced in many areas. This can and should be expanded, as they often represent 1:1 models for new uses and starting points for lived democratic participation.**
As explained above, there are no conflicts if the brownfield is too large and the idea fits very well in the old framework. But then this also means that no extensive structural change is initiated. Only if something really new is tested, thus unfortunately also frequently raising concern among neighboring users, can a passionate dialogue get started for the purpose of finding the ideal follow-up use and negotiating the legal framework. This requires close moderation by policy-makers and administrators so that courageous project operators or investors are not driven away and those whose vested rights are protected and who want to maintain the status quo are not ultimately "the winners." Instead, new uses that initially trigger conflicts can also be dealt with in land use planning procedures. Even today, the administration is often initially against change if something new does not fit into the customary approval framework - unsanctioned but tolerated temporary uses, which tentatively create "breathing space" for all parties, are used too little. Unsanctioned temporary uses projects can, at least theoretically, easily be revoked. However, in practice, it also takes effort to either make other sites attractive to the displaced users or to end the respective projects without substitution. New uses can naturally also be found through competitions, but these initially only offer theoretical considerations - temporary use projects offer trials in a 1:1 model.

If one frees oneself from the narrow definition that temporary uses are only projects by the creative economy, one realizes that, remarkably enough, more and more user groups, in particular young people, see temporary uses as a means to demonstrate "what works." Thus it is not only a matter of bringing life back to brownfields and vacant buildings, but also of showing how public space that is currently used exclusively for motorized transport can be freed up, for example for bicycle traffic. A temporary use which receives permission for several days is thus again a 1:1 experiment that requires effort, but which certainly lends more clarity than considerations and conflict-rich quarreling. Last but not least, there is no more effective method to enable more active participation by young citizens in urban development.

In any case, it can be shown empirically that the overwhelming number of projects initiated within the framework of the ZwischenZeitZentrale and which initially triggered conflicts were ultimately seen as a gain for all of those involved.

Hypothesis 6 **Temporary use projects can occasionally be made permanent; however, for a number of projects, the "temporary" limitation is required for conceptual reasons.** The vast number of temporary use projects can be seen as a benefit for urban society—however, not all of them are. One of the reasons why frustration can develop in individual cases is that true temporary uses and temporary uses that can lead to permanent uses are not correctly negotiated. In numerous cases, it is currently hoped that the temporary use can lead to a permanent use. Whereas the rental agreements can often be terminated at relatively short notice, many participants generally hope that they will be able to secure use rights on a permanent basis. In many cases, the conflicts that this triggers would not develop if the fact that these projects are finite and temporary were clarified in the conceptual stage. This limitation can have different causes. One example is when a specific site is meant to be used by new user groups with new ideas and use concepts in order to give numerous makers room for testing their own concepts. However, it might also be the case that a specific idea/user group is used as a trailblazer in a different urban area in order to make the location known beyond the period of its temporary use. To put it another way: leasing public space to sport clubs, allotment gardeners, etc. has led to them setting themselves up "forever;" new user groups that want to do new types of sports or other forms of gardening, such as urban gardening for instance, no longer have the opportunity to obtain public space. Urban innovation is thus strongly limited.

The reasons for providing clear definitions/terms of notice from the outset in the respective contracts can therefore be diverse. Moreover, everyday experience teaches us that something that is compact in terms of time is sometimes better than projects that stagnate; they increase the attractiveness of the one-off, the temporary. One should thus not be afraid to limit oneself from the beginning. However, this has not been practiced well in Bremen thus far.

Hypothesis 7 **Private property owners and public property administrators should increasingly open themselves up for temporary projects and allow temporary uses to become a regular instrument of planning and economic promotion. The role of temporary uses has markedly changed over time and is gaining more and more importance, including within the scope of social processes.**
One could also express it as follows: temporary uses should be permitted not only in emergency situations, such as long-term brownfields and vacant buildings.

The experiences in Bremen show that from the idea to revitalize sites (in this case the inactive port site) to the securing of real estate in ensuing phases, priority has been given to successful start-ups in reasonably priced buildings. The focus is currently on issues such as the question of which public spaces can be opened up for urban gardening, for example, and above all the question of how sites can not only be revitalized and maintained, but how economic and social incentives can spillover from the project sites to the affected urban districts.

Furthermore, areas are also conceivable for which there is no previous practical experience, at least in Bremen, for example temporary residential settlements for broad levels of the population. From an urban-economic and ecological point of view, a wide variety of different experiments with temporary uses and infrastructures are required so that, contrary to the past, infrastructures are not removed and replaced at high cost before their ecological and economic value has expired.

Concluding Remarks
Marco Venturi[1] points out that urban structures are generally more difficult to change than the innovation cycles in the economy and in society actually require. It is precisely in situations of change that policy-makers and urban planners run the risk of relying too much on new and large-scale structures. When temporary use is not employed as a stopgap but as a genuine planning instrument in internal development, mislocation of an ecological and economic nature can hopefully be avoided in situations that quickly require space for innovation. This is the true importance of temporary uses projects aside from the above mentioned participative effects and the benefit for the respective site. It's also important for urban planners, in particular those in the public administration, to keep in mind that their role is to ensure that new use demands can be realized in the city on behalf of citizens and politics without "destructive" conflicts. Temporary uses projects can substantially contribute to avoiding or lessening conflicts.

In the 1960s, the artist Mary Bauermeister realized that one of art's central tasks is to criticize and provoke. She saw this as necessary in order to break up social rigidity. For this day and age, she sees more of an urgency to make an artistic contribution to order in a society that has become more and more confusing.[2] If one now applies this image to the situation of many of the cities currently experiencing upheaval, or the special case of Bremen, one comes to the conclusion that "constructive chaos" is necessary as the beginning of new order, at least in several urban districts

---

1 Marco Venturi, "Innovationslose- Städte?" in Ulrich Mückenberger and Siegfried Timpf, eds., Zukünfte der europäischen Stadt (Wiesbaden, 2007), pp. 25–36.
2 Cf. "Zwischentöne: Die Künstlerin Mary Bauermeister im Gespräch mit Tanja Runow," broadcast by Deutschlandfunk on August 28, 2016, at 1:30 p.m.; available online at http://www.deutschlandfunk.de/musik-und-fragen-zur-person-die-kuenstlerin-mary.1782.de.html?dram:article_id=359581

in which there is a preponderance of brownfields, high unemployment, comparatively little appeal for young people and other phenomena of stagnation or even negative momentum. In the future, the task of temporary projects will increasingly be helping to sound out the potential for changes in use in the spatial and social "outskirts" alike and thus preparing long-term innovations there—even if this sometimes triggers conflicts.

I hope that courageous pioneers can continue to be found for this task!

THOMAS LECKE-LOPATTA
(*1955) lives in Bremen and studied landscape architecture at the Technical University of Munich. After his assistantship at Münster University he was self-employed in his own planning office for urban ecology in Bremen, after which he worked for Bremen's Senator for Urban Development. He has worked for the Senator for the Environment, Urban Development and Mobility since 1995, where he responsible for land-use and municipal site planning. He has been concerned with brownfield development and urban innovation processes since 1990 and he has been a member of the ZwischenZeitZentrale's steering group since 2009.

Autofreier StadTraum in der Bremer Neustadt
Car-Free City Dream in Bremen's Neustadt © Björn Portillo

Von Bremen nach Europa – Im- und Export guter Ideen

Die Etablierung, die Zwischennutzungen inzwischen vollzogen haben, lässt sich gut an dem Interesse erkennen, das in den vergangenen Jahren an der ZwischenZeitZentrale bekundet wurde. Die Fragen, wie sich Leerstände reaktivieren lassen und wie flexible Nutzungskonzepte umgesetzt werden können, beschäftigen AkteurInnen in vielen Städten Deutschlands und Europas. Die ZZZ hat ihr Modell in den vergangenen Jahren vielfach vorgestellt und die Stadt Bremen war von 2013 bis 2015 mit der ZZZ am europäischen URBACT II-Projekt TUTUR beteiligt. Für den täglichen Betrieb der ZZZ bedeutet dieser laufende Austausch eine ständige Evaluierung der eigenen Arbeit und stellt die Frage nach einer Weiterentwicklung der ZZZ.

Überregionaler Wissenstransfer – Bedarf am ZZZ-Modell

Die ZZZ hat sich in den vergangenen Jahren im Rahmen von 77 Veranstaltungen vorgestellt, VertreterInnen von Stadtverwaltungen und lokalen Initiativen haben Bremen besucht, um die ZZZ kennenzulernen und die ZZZ war Gegenstand diverser studentischer Arbeiten. Das Interesse an der ZZZ zielt sowohl auf das Modell der ZZZ, wie diese innerhalb der Stadtverwaltung organisiert ist und wie sie finanziert wird, als auch an der Umsetzung der ZZZ, wie Leerstände eruiert, wie EigentümerInnen überzeugt und wie ZwischennutzerInnen gefunden werden. Die Nachfrage nach Zwischennutzungen als Möglichkeit, mit Leerständen umzugehen, zieht sich dabei quer durch ganz Deutschland und Europa von wachsenden bis zu schrumpfenden Kommunen, von Großstädten bis hin zu Kleinstädten und ländlichen Gemeinden und geht sowohl von Stadtverwaltungen aus als auch von selbstorganisierten Initiativen, die in Eigenregie Leerstände in ihren Städten beleben wollen. Die Intention der Einladenden variiert von der Schaffung eines Angebots für die Kultur- und Kreativwirtschaft über die systematische Erfassung von Leerständen bis hin zur Frage, wie überhaupt ZwischennutzerInnen gefunden werden können.

DIE ZZZ UNTERWEGS IN DEUTSCHLAND

Die ZZZ sucht aktiv die bundesweite Vernetzung mit anderen ZwischennutzerInnen und wird als Best-Practice-Modell für fachlichen Input von Stadtverwaltungen und StadtgestalterInnen in viele deutsche Städte eingeladen. In Vorträgen und Podiumsdiskussionen gibt das Team seine Erfahrungen weiter und ermutigt durch Workshops und Expertise BürgerInnen zur aktiven Stadtgestaltung.

The ZZZ Out and About in Germany
The ZZZ actively seeks nationwide networking with other temporary users. A best practice model, the ZZZ is frequently invited by city administrators and urban designers from numerous German cities to supply professional input. The team shares its experience in lectures and panel discussions and encourages citizens to become actively involved in urban design through workshops and by providing expert advice.

- **Austausch** *Exchange*
  Wissenschaftlicher Austausch in Form von Vorträgen, Podiumsdiskussionen und Workshops in den Jahren 2012-2016
  Academic Exchange in the Form of Lectures, Panel Discussions and Workshops between 2012 and 2016

- **Vernetzung** *Networking*
  Projektbezogener Austausch und Vernetzung mit StadtgestalterInnen
  Project-Related Exchange and Networking with Urban Designers

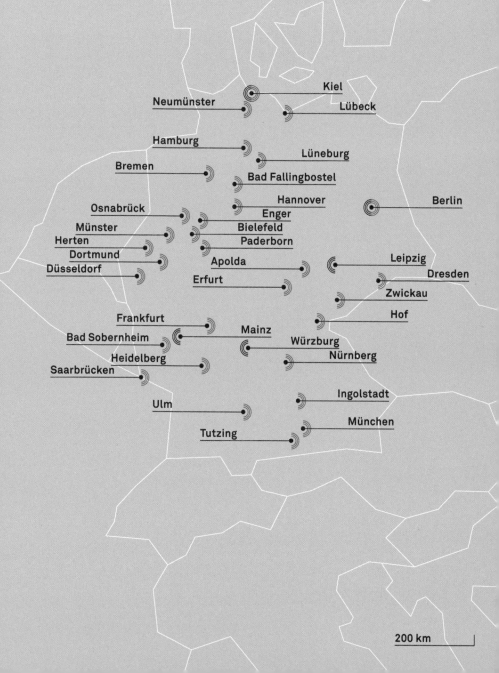

Die Frage, wie sich Zwischennutzungen vor Ort umsetzen lassen, lässt sich nur mit Blick auf den lokalen Kontext beantworten. Die Bremer Erfahrung, mit einem ressortübergreifenden Ansatz in der Verwaltung, der auf eine akteurInnenbetriebene Konstellation baut, die durch entsprechende Offenheit in Politik, Verwaltung und Stadtgesellschaft getragen wird, gibt hierfür aber einen guten Anhaltspunkt. Der laufende Austausch mit AkteurInnen in Deutschland zeigt, dass es generell eine wachsende Offenheit für Formen der temporären Nutzung gibt, die sich unterschiedlich darstellt.

Städte wie Frankfurt am Main[1] oder die Freie Hansestadt Hamburg[2] fördern schon seit einigen Jahren die Öffnung von Leerständen für ihre Kultur- und Kreativwirtschaft, in anderen Städten wird die Zwischennutzung hingegen eher auf Ebene des aktiven Quartiersmanagements zur Belebung von Ladenleerständen betrieben, siehe Nürnberg St. Leonhard[3]. Auch die Organisationsform reicht von der Übertragung an freie Büros wie im Fall der ZZZ oder auch des Zwischennutzungsmanagements in der Stadt Köln[4] bis hin zur direkten Ansiedlung in der Wirtschaftsförderung der Stadt Stuttgart[5]. Schließlich gibt es Vereine wie die Schnittstelle 5[6] in Mainz oder die Leerraumpioniere in Würzburg[7], in denen sich zivilgesellschaftliches Engagement zeigt, das dem Leerstand entgegenwirken möchte.

Für die Arbeit der ZZZ stellt das Feedback auf die Vorstellung des eigenen Projekts zum einen eine Bestätigung dar, zum anderen

---

1 http://www.radar-frankfurt.de/
2 http://www.kreativgesellschaft.org/de/schwerpunkte/raeume/raumsuche
3 http://www.leonhard-schweinau.info/index.php?id=58
4 http://www.zeitraum.koeln
5 http://www.stuttgart.de/zwischennutzung
6 http://www.schnittstelle-mainz.de
7 http://www.leerraumpioniere.tumblr.com

ergibt sich aus den Diskussionen immer wieder eine Schärfung der eigenen Position und die Feststellung, dass es in der Umsetzung Optimierungsmöglichkeiten gibt und Ansätze aus anderen Städten integriert werden können. Klar wird dabei, dass Zwischennutzungen ein Lösungsansatz sind, um Leerständen entgegenzuwirken und kulturelle und wirtschaftliche Aktivitäten zu animieren, aber nicht demografische und wirtschaftliche Entwicklungen rückgängig machen können. Hier läuft der Ansatz ins Leere, wenn er nicht mit anderen Maßnahmen verbunden ist. Augenfälliges Beispiel hierfür ist die klassische Zwischennutzung in vielen Innenstädten, wenn mit Folierungen der Leerstand kaschiert wird, um das Shoppingerlebnis nicht zu beeinträchtigen. Die Zwischennutzung wird hier zur Lückenfüllerin, die gesellschaftliche Auseinandersetzung mit den Ursachen und Potenzialen des Leerstands bleibt komplett außen vor. Für (die Weiterentwicklung von) Zwischennutzungen stellt sich hingegen die Frage, wie das experimentelle Instrument Zwischennutzung systematischer, von der Verwaltung gerahmt, eingesetzt werden, ohne die Freiheit des Experimentierens im Leerstand zu nehmen. Für die ZZZ ist das Schaffen von Entstehungsorten im Stadtteil zentrale Aufgabe geworden. Entstehungsorte schaffen heißt nackte Räume zu Plattformen umzuwandeln, für Nutzungen zu öffnen, Strukturen anzulegen, in denen verschiedene Professionen zusammenfinden und die als neue Anknüpfungspunkte von der Stadtgesellschaft genutzt und individuell ausgestaltet werden können. Langfristiges Ziel der Entstehungsorte sind urbane Transformationsprozesse, die demokratisch organisiert sind und variantenreich Zugangspunkte bieten.

Austausch auf europäischer Ebene – TUTUR und REFILL

Im Dezember 2013 wurde die Stadt Bremen gefragt, ob sie sich vorstellen könne, Partner im Projekt TUTUR (Temporary Use as a Tool for Urban Regeneration) des Programms URBACT II der EU zu werden. Das Projekt beschäftigte sich inhaltlich mit dem Thema Zwischennutzungen und der Frage, wie diese als Instrument für die Wiederbelebung städtischer Aktivitäten genutzt werden können. Die Stadt Bremen war als giving city die Partnerin in dem Transfernetzwerk, die aus ihrem Best-Practice-Projekt ZZZ die Erfahrungen an die PartnerInnen in den Städten Alba Iulia (Rumänien) und Rom (Italien) weitergab, um diese in der Umsetzung ihrer eigenen Aktivitäten zu unterstützen. Die Ausgangslage der drei Städte war dabei äußerst unterschiedlich in Bezug auf die Größe (Rom 2,9 Millionen EinwohnerInnen, Bremen 560 000 EinwohnerInnen, Alba Iulia 64 000 EinwohnerInnen), die wirtschaftlichen, bürokratischen und zivilgesellschaftlichen Voraussetzungen.

In der Praxis des Austauschs zeigten sich schnell die unterschiedlichen und die gemeinsamen Herausforderungen.[8] So gab es in Rom die gleiche Herausforderung in Bezug auf den Zugang zu Leerständen privater und öffentlicher EigentümerInnen wie in Bremen. Andererseits stellte sich dort eine ungleich größere Herausforderung in Bezug auf die Schaffung administrativer Regelungen und Strukturen, um Zwischennutzungen mit einem vertretbaren Aufwand realisieren zu können und damit der weit verbreiteten und häufig notgedrungen tolerierten Praxis von Besetzungen als legalen Weg entgegenzusetzen. Diese, wenn auch illegale, Praxis der Selbstorganisation stellte denn auch den Unterschied zu Alba Iulia dar, wo die größte

---

8 Elisei, Pietro, Krebs, Roland, Patti, Daniela, Polyak, Levente, Dimitriu, Sabina,: TUTUR Final Report, http://www.tutur.eu, 2015, S.23

Herausforderung darin lag, NutzerInnen für die vorhandenen Leerstände zu akquirieren. Gerade diese beiden Punkte hoben für die ZZZ noch einmal hervor, welche Bedeutung die im Vergleich sehr unbürokratischen Strukturen und Kompetenzen für den Erfolg der ZZZ haben und wie wichtig es ist, das vorhandene Selbstorganisationspotenzial der Stadtgesellschaft zu pflegen, zu unterstützen und ihr die Möglichkeit zu eröffnen, weitestgehend in Eigenregie und auf legalem Weg die Projekte zu organisieren.

Das Projekt TUTUR erlaubte es, die Arbeit der ZZZ vor dem Hintergrund europäischer Probleme zu reflektieren. Es wurde ein Eindruck von den Herausforderungen gewonnen, vor denen Europa und insbesondere die europäischen Städte stehen, wie beispielsweise die Integration von Geflüchteten und die hohe Jugendarbeitslosigkeit. In vielen Diskussionen des Projekts TUTUR wurde eruiert, wie Zwischennutzungen einen Beitrag leisten können, diese Herausforderungen in den kommenden Jahren zu bewältigen. In Bremen führte dies zum Thema der urbanen Labore und wie diese mit Unterstützung der ZZZ realisiert werden können. Seit Oktober 2015 ist die ZZZ im URBACT-III-Projekt REFILL[9] (Reuse of vacant spaces as driving Force for Innovation on Local Level) beteiligt. In diesem Projekt sind aktuell zehn europäische Städte miteinander verbunden, die sich über die Verstetigung von Zwischennutzungseffekten austauschen.

9 http://www.refillthecity.wordpress.com

DIE ZZZ UNTERWEGS IN EUROPA

Die ZZZ steht im europaweiten Dialog mit AkteurInnen und ExpertInnen. In Workshops und Vorträgen gibt sie ihr Wissen an formelle und informelle StadtgestalterInnen weiter. Innerhalb von EU-Projekten steht sie im intensiven Austausch mit anderen europäischen Städten, dabei prüft und erweitert sie permanent das eigene Wissen und befördert den Austausch guter Ideen.

The ZZZ Out and About in Europe
The ZZZ carries on a Europe-wide dialogue with actors and experts. It shares its knowledge with formal and informal urban designers in workshops and lectures. Within the scope of EU projects it intensely communicates with other European cities, in the process permanently reviewing and expanding its own knowledge and promoting the exchange of good ideas.

- Austausch *Exchange*
  Wissenschaftlicher Austausch in Form von Vorträgen, Podiumsdiskussionen und Workshops – europaweit in den Jahren 2012-2016
  Academic Exchange in the Form of Lectures, Panel Discussions and Workshops Europe-wide between 2012 and 2016

- TUTUR *TUTUR*
  Partnerstädte in dem EU-Projekt URBACT II TUTUR, 2013-2015
  Partner Cities in the EU Project URBACT II TUTUR, 2013-15

- REFILL *REFILL*
  Partnerstädte in dem EU-Projekt URBACT III REFILL, 2015-2018
  Partner Cities in the EU Project URBACT III REFILL, 2015-18

Groningen
Amersfort
Gent
Paris
Nantes

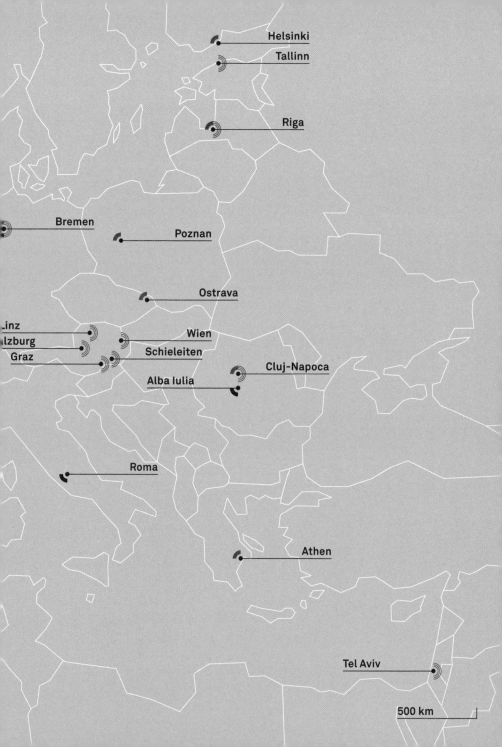

Urbaner Garten »De Site« in der Stadt Gent, Belgien
The urban garden "De Site" in the city of Ghent, Belgium © Tom Broeks, Stadtgemeinde Gent

Von Europa ins Quartier
– Hemelingen als Experimentierfläche

Die Teilnahme am Netzwerk TUTUR sah gezielte Aktivitäten in einem Stadtquartier vor. Hier sollten im Austausch mit den PartnerInnen Strategien erprobt und reflektiert werden. Dieser konzentrierte Ansatz unterschied sich von dem bisherigen der ZZZ insoweit, als hier ein Teil der Stadt in den Fokus gerückt wurde, während die ZZZ bisher im gesamten Stadtgebiet tätig und die Erprobung von Zwischennutzungen in unterschiedlichen Kontexten ein Ziel der Arbeit der ZZZ gewesen war. Andererseits deckte sich dieses Vorgehen mit den Wünschen der Lenkungsgruppe, die die ZZZ auf bestimmte Stadtquartiere hinwies, die besonderer Aufmerksamkeit bedurften, insbesondere Stadtteile mit besonderem Erneuerungsbedarf oder solche, in denen die regulären Instrumente der Stadt- und Quartiersentwicklung nicht griffen. Die ZZZ übernahm in diesen Projekten die Funktion einer Ideengeneratorin, die verschiedenste Möglichkeiten (auf niedrigem und kostengünstigem) Level erprobte und diese anschließend für eine weitere Entwicklung zur Verfügung stellte. Die ZZZ agierte hier als vorgeschaltete Einheit der Stadtentwicklung, die auf eher informellem Wege Möglichkeiten testete, bevor diese einem formellen Verfahren unterzogen und die entsprechenden Planwerke angepasst wurden.

Mit der Wahl von Hemelingen als Zielort für diese gezielte Intensivierung von Zwischennutzungen wurde ein Ortsteil gewählt, der aus verschiedenen Gründen für dieses Vorgehen geeignet ist. Die ZZZ besitzt seit dem Projekt ALLER.ORT[10] 2011 verlässliche Kontakte zu den Institutionen im Stadtteil. Der Stadtteil verfügt aufgrund seiner industriellen Geschichte über unterschiedlichste Leerstände

---

10 http://www.allerort.de

und befindet sich seit mehreren Jahrzehnten in einer permanenten Umbruchsituation. Viele Unternehmen haben geschlossen oder ihre Produktion an die Stadtperipherie verlagert, die ehemalige Einkaufsstraße leidet unter der Veränderung des Konsumverhaltens und weggebrochener Kaufkraft, die im Rahmen der Stadtsanierung durchgeführten Maßnahmen haben zudem zu einer Verlagerung des Ortskerns geführt. Gleichzeitig vollzieht sich im Stadtteil ein Umbruch in der Bevölkerung, Teile des Stadtteils sind heute von EinwohnerInnen geprägt, die in den letzten Jahrzehnten angekommen sind, während andere Teile noch ganz klassisch von den Angekommenen der Industrialisierung mit Einfamilienhäusern geprägt sind. Das Image des Stadtteils wird insgesamt als unterdurchschnittlich attraktiv wahrgenommen, räumlich wird der Stadtteil von Verkehrssträngen durchschnitten und der Zugang zur Weser ist durch das Industriegebiet Hemelinger Hafen versperrt.

Die Arbeit startete mit einem Workshop in der ehemaligen Wurstfabrik Könecke, zu dem AnwohnerInnen aus dem Stadtteil, VertreterInnen der Lokalpolitik und der lokalen Institutionen und potenzielle NutzerInnen aus dem ganzen Stadtgebiet eingeladen waren. In der Organisation konnte auf vorhandene Kontakte aus Projekten in den Vorjahren zurückgegriffen werden und der Workshop fand direkt in einer leerstehenden Halle auf dem Areal der ehemaligen Wurstwarenfabrik statt. Im Rahmen des Workshops wurden Potenzial und Herausforderungen für den Stadtteil verräumlicht, aber auch Raumwünsche und Nutzungsideen festgehalten. Die Ansprache eines so diversen Publikums hatte von Anfang an das Ziel, nicht nur Wünsche der schon Anwesenden und immer Beteiligten einzusammeln, sondern auch die potenziellen NutzerInnen anzusprechen und einzubinden. Gerade das Image Hemelingens und die gefühlte Distanz zum Stadtzentrum sollten hiermit konsequent aufgebrochen werden. Die im Rahmen des ersten Workshops geäußerten Wünsche bezogen sich auf lokaler Seite stark auf eine Einbeziehung des Hafens, auf eine Diversifizierung des lokalen Angebots und eine Stärkung der lokalen Ökonomie. Auf NutzerInnenseite wurden hingegen Räume für Ausstellungen, für Ateliers oder zum Arbeiten nachgefragt, gleichwohl stellten einige der Anwesenden fest, dass Hemelingen für ihre Vorstellungen sehr weit vom Zentrum entfernt ist.

Mit den Ideen aus dem Workshop im Gepäck wurde in der Folge der Leerstand im Quartier erhoben und die ZZZ suchte parallel nach interessierten NutzerInnen und Ideen. Hieraus ergaben sich räumlich sehr schnell drei Schwerpunkte für die Arbeit der ZZZ: Der gesamte Komplex um die ehemalige Wurstwarenfabrik Könecke, die Hemelinger Bahnhofsstraße und der Hemelinger Hafen. Diese verfügten über eine sehr heterogene Struktur: Auf der einen Seite die industriellen Gebäude mit großen Hallen und Fabrikanlagen in Besitz einer Eigentümerin, auf der anderen Seite der kleinteilige Ladenleerstand mit jeweils eigenen AnsprechpartnerInnen. Hieraus ergab sich die Möglichkeit, unterschiedlichen Projekten und diversen Bedarfen gerecht zu werden. Verräumlicht wurde diese Herangehensweise in einer Strategie, die die Überwindung der Verkehrsschneisen vorsah: Mit der Etablierung von Nutzungen im Ortskern von Hemelingen und im Hafen werden Anknüpfungspunkte geschaffen, die BesucherInnen und NutzerInnen in den Stadtteil holen.

Von Bremen nach Europa
- Im- und Export guter Ideen

147

Unterwegs: Golden City Goes Hemelingen
On the go: Golden City Goes Hemelingen © Daniel Schnier

In der Umsetzung kristallisierte sich relativ schnell heraus, dass es die Möglichkeit gibt, eine Fläche im Hemelinger Hafen zu nutzen, die bisher als Grünfläche rudimentär von bremenports GmbH & Co. KG bewirtschaftet und ansonsten von AnglerInnen in Beschlag genommen wurde. Mit dem Bremer Künstler André Sassenroth gelang es, hier einen Projektverantwortlichen zu finden, der das Projekt BAY-WATCH in Zusammenarbeit mit der ZZZ konzipierte und seit 2014 für die Umsetzung zuständig ist. Dabei wurde darauf geachtet, dass das Projekt Angebote für den Stadtteil bietet und ein erster Anlaufpunkt im Hafenareal ist. → Projektsteckbrief Bay-Watch S. 228

Schwieriger stellte sich die Entwicklung einer Nutzung für das leer stehende Areal der Könecke Wurstfabrikation GmbH & Co KG in zentraler Lage im Stadtteil dar. Mit Unterstützung der Wirtschaftsförderung Bremen war es gelungen, den Kontakt zu den EigentümervertreterInnen zu erhalten, die Aushandlung eines Nutzungskonzepts und Vertrags ging über Wochen und Monate allerdings kaum voran. Im April 2015 konnte dann die ehemalige Verwaltung als WURST CASE mit insgesamt 1200 Quadratmetern von der ZZZ bezogen werden. Inzwischen hat sich das Projekt zum Arbeitsplatz für 55 NutzerInnen entwickelt, es gibt eine Fahrradselbsthilfewerkstatt für den Stadtteil und die Nutzung weiterer Flächen auf dem Fabrikareal ist absehbar. → Projektsteckbrief Wurst Case S. 225

Die Aktivierung von Ladenleerständen in der Hemelinger Bahnhofsstraße erwies sich hingegen bisher als schwierig. So konnten bislang keine EigentümerInnen überzeugt werden, ihren Leerstand zur Verfügung zu stellen. Unter anderem hatte die ZZZ für das Theaterprojekt SCHLEIER MAYER, das im Stadtteil Hemelingen Recherche zum Thema Verschleierungen betrieb, einen Arbeitsraum in der Einkaufsstraße gesucht. Das Projekt nutzte dann Räume im WURST CASE, um anschließend mit einem Pop-up-Store im öffentlichen Raum Verschleierungsbedarf anzubieten. → Projektsteckbrief Schleier Mayer S. 230

Im Frühjahr 2016 hat sich dann die Möglichkeit eröffnet, mehrere Etagen und Räume in einem leer stehenden Verwaltungsgebäude auf einem Fabrikareal im benachbarten Stadtteil Hastedt zu nutzen. Dieses liegt in fußläufiger Distanz zu den weiteren Zwischennutzungen und am Beginn des Hemelinger Hafens. Hier wird es vorläufig Probenutzungen für Tanztheater und den ersten Bremer FabSpace geben, bis sich langfristig weitere Nutzungen auf dem Areal realisieren lassen. → Projektsteckbrief Lloyd Dynamowerke S. 287

Durch die Etablierung dieses Clusters von Zwischennutzungen in einem Stadtteil hat sich eine intensivere und kontinuierlichere Vernetzung der ZZZ in Hemelingen ergeben. Für die Projekte konnte jeweils auf ein festes Netz von AnsprechpartnerInnen zurückgegriffen werden, aus dem sich dann auch wieder weitere Aktivitäten entwickelt haben, die ohne diese Vernetzung nicht vorstellbar gewesen wären. Vor allem aber ist die ZZZ über die Präsenz vor Ort in die vorgreifenden Entwicklungen im Stadtteil eingebunden. Der Umbau des Könecke-Areals wird in den kommenden Jahre verlaufen und über die Zwischennutzungen auf dem Areal werden schon jetzt Nutzungen erprobt, die für die zukünftige Nutzung einen Fingerzeig geben können. Die Kooperation mit der Eigentümerin und den PartnerInnen im Stadtteil führt zu einer Entwicklung von Ideen, die in den vorhandenen Gebäuden getestet werden. NutzerInnen entdecken den Stadtteil neu und das Image des Stadtteils erfährt eine Aufwertung.

CLUSTERBILDUNG IM QUARTIER

In Bremen-Hemelingen wurden seit dem Jahr 2011 mehrere Zwischennutzungsprojekte durch die ZZZ befördert und durchgeführt. Neben stadtweiten temporären Zwischennutzung im Sinne von Pop-Up, war es nun das Ziel, verschiedene Zwischennutzungsprojekte im gleichen Quartier anzusiedeln. Die enge Vernetzung der Projekte untereinander und mit den bestehenden Institutionen und kulturellen AkteurInnen vor Ort strebt die nachhaltige Stärkung des Quartiers an.

Cluster Formation in the District
The ZZZ has promoted and carried out several temporary use projects in the Hemelingen district of Bremen since 2011. Besides citywide temporary uses in the sense of pop-ups, our goal was to locate different temporary use projects in the same district. Close networking of these projects among themselves and with local institutions and cultural players aims at the long-term strengthening of the district.

- ⦿ Zwischennutzungsprojekt *Temporary Use Project*
- ⦿ Institution *Institution*
- ◉ Institutionen im Stadtteilzentrum *Institutions in the District Center*

LLOYD DYNAMO WERKE [287]
WURST CASE [225]
SCHLEIER MAYER [230]
GOLDEN CITY GOES HEMELINGEN [273]

BAY-WATCH [228]
DKP DIE KOMPLETTE PALETTE [292]
ALLER.ORT

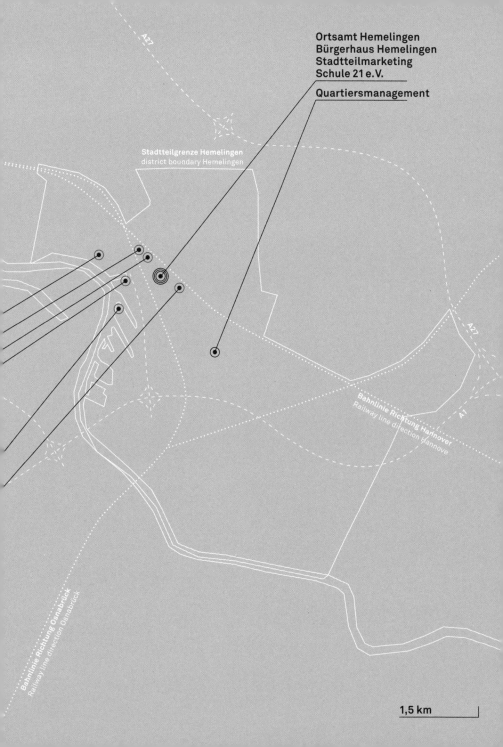

Vernetzte Zwischennutzungen

zzZ

Networked Temporary Uses

Consolidate

the Creative Climate in the District

verdichten

das
kreative Klima
im Quartier

From Bremen to Europe—The Import and Export of Good Ideas

The extent to which temporary uses have taken hold can be demonstrated by the interest expressed in the ZwischenZeitZentrale Bremen (ZZZ) in recent years. Actors in many cities in Germany and Europe are dealing with questions about how vacant buildings can be reactivated and how flexible use concepts can be implemented. In the past years, the ZZZ has presented its model on numerous occasions, and between 2013 and 2015, the City of Bremen and the ZZZ participated in the European URBACT II project TUTUR. For the ZZZ's day-to-day operations, this ongoing exchange means the constant evaluation of its own work and reflection about its further development.

Transregional Knowledge Transfer —Demand for the ZZZ Model

In recent years, the ZZZ has presented itself and its work at 77 events; representatives from city administrations and local initiatives have visited Bremen in order to get to know the ZZZ, and it has been the subject of various research papers and student projects. Interest in the ZZZ includes the ZZZ as a model, how it is organized within the city administration, how it is financed, how it identifies vacant buildings and persuades owners and how temporary users are found. The demand for temporary uses as a possibility for dealing with vacancies stretches all the way across Germany and Europe—from growing to shrinking municipalities, from major cities to small towns and rural communities—and comes from both city administrations and self-organized initiatives that want to autonomously revitalize vacant buildings in their cities. The intention of those extending an invitation to the ZZZ varies—from the creation of an offering for the cultural and creative economy to the systematic identification of vacancies to the question of how temporary users can even be found in the first place.

→Map: The ZZZ Out and About in Germany, p. 134–135

The question of how temporary use projects can be implemented locally can only be answered by examining the local context. A good point of reference for this is Bremen's experience with a cross-departmental administrative approach based on actor-run constellations which is openly communicated to policy-makers, administrators and urban society. The ongoing exchange with actors in Germany shows that there is generally a growing openness for forms of temporary use which expresses itself in different ways.

For some years now, cities such as Frankfurt am Main[1] or the Free Hanseatic City of Hamburg[2] have called for the opening of vacant buildings for their cultural and creative economy; by contrast, in other cities temporary use is practiced more on the level of active

---

1 http://www.radar-frankfurt.de/
2 http://www.kreativgesellschaft.org/de/schwerpunkte/raeume/raumsuche

district management for the revitalization of vacant retail spaces (see Nuremburg St. Leonhard).[3] The organizational form also ranges from the delegation to independent offices, as in the case of the ZZZ, or temporary use management in the City of Cologne,[4] to the direct allocation of economic promotion in the City of Stuttgart.[5] And last but not least, there are associations such as Schnittstelle 5[6] in Mainz or the Leerraumpioniere in Würzburg,[7] in which civil-social involvement demonstrates the willingness to counter vacancies.

On the one hand, the feedback that the ZZZ has received represents a form of recognition, on the other hand, these discussions result time and again in the sharpening of the ZZZ's position, the realization that there are possibilities for optimizing implementation and the recognition that other cities' approaches could be integrated. In the process, it becomes apparent that temporary use projects are approaches to countering vacancies and to stimulating cultural and economic activities, but that they cannot reverse demographic and economic developments. In this case, the approach will come to nothing if it is not combined with other measures. One palpable example for this is the classic temporary use in numerous inner cities when vacant storefronts are papered over so as not to detract from the shopping experience. In this case, the temporary use becomes a stopgap measure;

the social examination of the causes and potential of vacancies is ignored. By contrast, for (the further development of) temporary use projects the questions arises how the experimental instrument of temporary use, framed by the administration, can be implemented more systematically without compromising the freedom of experimentation in a vacant building. For the ZZZ, the creation of points of origin in an urban district has become a key task. Creating points of origin means transforming empty spaces into platforms and opening them up for use. It means setting up structures in which various professions converge and which can be used as new connecting factors by urban society and shaped individually. The long-term goal of points of origin is urban transformation processes which are organized democratically and offer a wide variety of access points.

Exchange at the European Level –TUTUR and REFILL

In December 2013, the City of Bremen was asked to be a partner in the TUTUR project (Temporary Use as a Tool for Urban Regeneration) within the scope of the European Union's URBACT II program. The project dealt with the issue of temporary uses and the question whether these can be used as an instrument for the revitalization of urban activities. As a giving city, the City of Bremen was the partner in the transfer network that transferred the experience it gained from its best

---

3   http://www.leonhard-schweinau.info/index.php?id=58
4   http://www.zeitraum.koeln
5   http://www.stuttgart.de/zwischennutzung
6   http://www.schnittstelle-mainz.de
7   http://www.leerraumpioniere.tumblr.com

practice project ZZZ to partners in the cities of Alba Iulia (Romania) and Rome (Italy) for the purpose of supporting them in the implementation of their own activities. At the same time, the initial situation in each of the three cities was highly different with respect to their size (Rome: 2.9 million inhabitants, Bremen: 560,000 inhabitants, Alba Iulia: 64,000 inhabitants) and the economic, bureaucratic and civil-social conditions. The different and shared challenges quickly became apparent in the exchange practice.[8] The same challenges existed in Rome and in Bremen with regard to access to privately and publically owned vacancies. At the same time, in Rome there was a comparably greater challenge with respect to the creation of administrative regulations and structures to realize temporary uses with a manageable amount of effort and thus develop a legal method to counter the widespread and often unavoidably tolerated practice of squatting. This, albeit illegal, practice of self-organization then also constituted the difference to Alba Iulia, where the greatest challenge was acquiring users for the existing vacancies. For the ZZZ, it was precisely these two points that again highlighted how critical the comparably unbureaucratic structures and competencies were for the success of the ZZZ, and how important it is to maintain and support urban society's existing potential for self-organization and open up the opportunity to legally self-organize projects to the greatest extent possible. The TUTUR project enabled reflection about the work of the ZZZ against the backdrop of European problems. An impression was gained of the challenges that are being faced by Europe, and by European cities in particular, such as the integration of refugees and high youth unemployment rates. Numerous discussions within the scope of TUTUR investigated how temporary uses can make a contribution to dealing with these challenges in upcoming years. In Bremen this led to the subject of Urban Laboratories and how these can be realized with the support of the ZZZ. The ZZZ has been participating in the URBACT III project REFILL (Reuse of Vacant Spaces as Driving Force for Innovation on Local Level)[9] since October 2015. Ten European cities are currently linked with one another in this project which exchanges information about how to make the effects of temporary use projects more permanent.
→Map: The ZZZ Out and About in Europe, p. 140 to 141

From Europe to the District—Hemelingen as a Site of Experimentation
Participation in the TUTUR network allowed for targeted activities in a specific district. Strategies were tested and reflected upon in exchange with the other partners. This concentrated approach distinguished itself from the ZZZ's previous method because in this case, a single part of the city was the focus; the ZZZ had previously been active in the entire metropolitan area and one of its goals up until that point had been to test temporary use projects in different urban contexts. This new approach corresponded with the wishes of the steering group, which suggested that

---

8 Pietro Elisei, Roland Krebs, Daniela Patti, Levente Polyak and Sabina Dimitriu, TUTUR Final Report, www.tutur.eu (2015), p. 23.
9 http://www.refillthecity.wordpress.com

the ZZZ place special focus on specific urban districts, in particular districts with an exceptional need for renewal or those in which the normal urban and district development instruments had not taken hold. In these projects, the ZZZ assumed the function of an idea generator, testing a wide variety of possibilities (on a low and affordable level) and ultimately making them available for further development. Here the ZZZ operated as an upstream unit of urban development which tested possibilities in a more informal way before these were subject to a formal procedure and the corresponding plans were adjusted. Hemelingen is an urban district that is suitable for this targeted intensification of temporary uses for various reasons. The ZZZ has had reliable contact with institutions in the district since the ALLER.ORT[10] 2011 project. Due to its industrial history, the district has a wide variety of different vacant buildings at its disposal and it has been in a permanent state of upheaval for several decades. Numerous companies have closed their doors or shifted their production to the outskirts of the city; the former shopping street suffers from the transformation of consumer behavior and a major reduction of purchasing power. Moreover, the measures that have been carried out within the scope of urban redevelopment have led to the relocation of the center of the district. At the same time, a radical change is taking place in the population—parts of the district are now characterized by residents that have only arrived in recent decades, while other parts are still classically characterized by groups which arrived during industrialization and live in single-family homes. Overall, the district's image is perceived as substandard; traffic corridors transect the district and the industrial zone of the port of Hemelingen obstructs access to the Weser River.

The project started with a workshop in the former Könecke sausage factory; district residents, representatives from local politics and local institutions and potential users from the entire city were invited. Existing contacts from previous projects were drawn on in the organization of the workshop, which took place in a vacant space on the grounds of the former sausage factory. The potential and challenges for the district were spatialized within the scope of the workshop, and requests for space and use ideas were also recorded. From the beginning, the aim of addressing such a diverse audience was not only to gather the requests of those already present and who regularly participated, but also to approach and include new potential users. This was intended to break down Hemelingen's substandard image and the perceived (long) distance to downtown. On the local side, the wishes expressed within the scope of the first workshop were strongly related to the inclusion of the port, diversification of the local range of offerings and strengthening of the local economy. By contrast, on the user side there was a demand for spaces for exhibitions, studios and working. At the same time, several of those present noted that, for them, Hemelingen is very far away from downtown.

10 http://www.allerort.de

Outfitted with new ideas from the workshop, vacancies in the district were subsequently pointed out; at the same time, the ZZZ sought interested users and ideas. This quickly resulted in three spatial priorities for the ZZZ's work: the entire complex around the former Könecke sausage factory, Hemelingen's Bahnhofstrasse and Hemelingen's port. These spaces have a very heterogeneous structure—industrial buildings with large halls and plants in the possession of a single owner on the one hand and vacant retail spaces each with its own contact person on the other. This mix of spaces and owner structures resulted in the ability to do justice to different projects and different needs. This approach was spatialized in a strategy that overcame the traffic corridors: connecting factors were created which attract visitors and users to the district by establishing uses in Hemelingen's center and port area.

During implementation, it became relatively quickly apparent that there was the possibility to use a site in Hemelingen's port which had been previously managed as a basic green space by bremenports GmbH & Co. KG and otherwise monopolized by fishermen. The ZZZ succeeded in finding the Bremen-based artist André Sassenroth, who assumed responsibility for a project conceived in collaboration with the ZZZ, BAY-WATCH. He has been in charge of its implementation since 2014. In the process, it was important that the project cater to the district in its range of offerings and also act as a first point of contact in the port area.
→Project Profile Bay-Watch, p. 228

The development of a use for the vacant Könecke Wurstfabrikation GmbH & Co. KG, located in the center of the district, was more difficult. The ZZZ succeeded in establishing contact with representatives of the owner with the support of the Wirtschaftsförderung Bremen; however, for weeks and months hardly any progress was made in the negotiation of a use concept and a contract. In April 2015, the ZZZ was able to move into the former administrative building, which has a total of 1,200 square meters. The project, WURST CASE, has developed into a workplace for 55 users; there is a bicycle self-help workshop for the district and the use of further factory sites is foreseeable.
→Project Profile Wurst Case, p. 225

By contrast, the activation of vacant retail spaces in Hemelingen's Bahnhofstrasse has proven to be very difficult. To date, it has not been possible to persuade any of the owners to make their vacant spaces available. The ZZZ sought a working space for the SCHLEIER MAYER theater project, which examines the issue of head scarfs in Hemelingen, for example. The project instead used spaces in WURST CASE, after which they offered head scarfs and related supplies in a pop-up store in public space.
→Project Profile Schleier Mayer, p. 230

In spring 2016, the opportunity to use several floors and rooms in a vacant administrative building on a factory grounds in the neighboring district of Hastedt presented itself. This site is located within walking distance of the other temporary use projects at the start of Hemelingen's port. This space will provide interim experimental uses for dance theater and Bremen's first FabSpace until further uses can be realized on the site in the long term.
→Project Profile Lloyd Dynamowerke, p. 287

The establishment of this cluster of temporary use projects in a single district has resulted in the intensified and continuous networking of the ZZZ in Hemelingen. Each of the projects could draw on a permanent network of contact persons, from which other activities have in turn been able to be developed which would not have been conceivable without this networking. However, the ZZZ's presence in the district is the main reason behind its inclusion in anticipative developments in the district. The conversion of the Könecke site will proceed in the upcoming years, and uses are already being tested on the site through temporary use projects that will supply indicators for potential future uses. Cooperation with the owner and the partners in the district leads to the development of ideas which can be tested in existing buildings. Users are rediscovering the district and its image is experiencing an upswing.
→ Map: Cluster Formation in the District, p.152 to 153

Mobil im Stadtraum: Pop-Down Laden Schleier-Mayer
Mobile in Urban Space: The Schleier-Mayer Pop-Down Store © Daniel Schnier

164

ÜBERTRAGUNGSPOTENZIAL VON ZWISCHENNUTZUNGEN AUF AKTUELLE GESELLSCHAFTLICHE HERAUSFORDERUNGEN

Die Erfahrungen aus der Umsetzung von unterschiedlichsten Projekten in den vergangenen Jahren bilden einen Schatz mit Übertragungspotenzial auf neue Zusammenhänge. Mit ihm gilt es experimentelle Situationen in Urbanen Laboren zu begleiten, um Entstehungsorte in neuen Nachbarschaften angesichts neuer Herausforderungen zu erschaffen.

USING TEMPORARY USE PROJECTS TO ADDRESS CURRENT SOCIAL CHALLENGES

The experience gained through the implementation of a wide range of different projects in recent years constitutes a treasure trove of potential which could be transferred to new contexts. In the face of new challenges, it is necessary to use this potential to accompany experimental situations in urban laboratories in order to create points of origin in new neighborhoods.

ErfahrungsschätZZZe und Erfolgsfaktoren

Seit sieben Jahre macht die ZwischenZeitZentrale praktische Erfahrungen und generiert Wissen mit der Organisation von Zwischennutzungen in der Freien Hansestadt Bremen. Viele Fragen wurden regelmäßig aufgeworfen und können inzwischen mit allgemeingültigen Antworten rasch gelöst werden. Dennoch zeigt sich immer wieder, dass jede Zwischennutzung individuell verläuft und möglicherweise neue Aspekte hervorbringt. Die Summe der Erfahrungen bildet einen Schatz an wertvollem Wissen, das sich sinnvoll weiterverwenden und auf verschiedene Einzelfälle übertragen lässt.

Zwischennutzungen sind keine LückenbüßerInnen für fehlende Konzepte und die Zeit vor dem großen Wurf. Sie sind vielmehr die sukzessive Aneignung von Räumen und das organische Wachsen eines anschlussfähigen Konzepts auf Nachbarschaftsebene. Zwischennutzungen schaffen Möglichkeiten für KünstlerInnen, Kulturschaffende und GründerInnen, doch in keinem Fall ersetzen sie eine reguläre Kulturförderung und sind ebenso kein Ersatz für eine Existenzgründungsförderung. Stattdessen ermöglichen sie temporär die experimentelle Nutzung von Räumen zum Erproben und Bespielen und eröffnen damit kulturellen Initiativen und ExistenzgründerInnen Raum für ihre Ideen.

Die folgenden fünf ErfahrungsschätZZZe sind als verwendbares und übertragbares Wissen aus den Projekten der vergangenen Jahre extrahiert worden. Sie ermutigen Menschen dazu, eine Zwischennutzung umzusetzen, sind aber vor allem geeignet, auf generelle Prozesse der Stadt- und Projektentwicklung übertragen zu werden.

Kollaborationen sind Gold wert

Im Mittelpunkt jeder Zwischennutzung stehen die beteiligten Menschen. Als ProjektinitiatorInnen, als handelnde AkteurInnen, aber auch als NachbarInnen, BesucherInnen oder einfach als BürgerInnen. Am Anfang sind es Einzelpersonen oder auch kleinere Gruppen, die Projekte anschieben. Sie kennen sich bereits und haben vielleicht einzelne Projekte in der Vergangenheit durchgeführt. Wenn diese Menschen in einem leer stehenden Raum, sei es auf einer Brache oder in einem Gebäude, gemeinsam träumen, denken, planen, wird der ungenutzte, einer vorherigen Funktion enthobene Raum zu einem Labor auf Zeit.

Die Temporalität und Lokalität von Zwischennutzungen bieten die Chance, den Raum, Teamkonstellationen, Kooperationen und Rollenverteilungen zu erproben. Der transparente Dialog mit AnsprechpartnerInnen aus der Verwaltung und der Politik sowie die vertrauensvolle Kommunikation mit den EigentümerInnen ist Ausgangslage für eine Zwischennutzung, die alle Seiten zufriedenstellt. Das Klima, in dem diese aktive Stadtgestaltung funktioniert, ist von Offenheit, Akzeptanz und Transparenz geprägt. Befördert werden muss dieses Klima durch alle AkteurInnen und vonseiten der Stadtverwaltung sowie der Politik.

ERFAHRUNGSSCHATZZZ AUS DER PRAXIS:
AUSSERHALB – DREI MONATE MUSIK, KULTUR UND DIY IN
BREMEN-WOLTMERSHAUSEN → Projektsteckbrief S. 289
Die OrganisatorInnen der dreimonatigen Aktivierung einer Grünfläche in Bremen-Woltmershausen erschufen einen zauberhaften Ort für Kunst, Kultur und Gespräche, obwohl jegliche Infrastruktur auf dem Gelände fehlte. Das Projektteam erprobte die Zusammenarbeit bereits im Rahmen einer selbstorganisierten Zwischennutzung in der Bremer Innenstadt. Die sehr jungen ProjektmacherInnen, einige

besuchten zur Zeit der Projektumsetzung noch die Schule, meisterten den Dialog mit Unterstützung der ZZZ. Für die Verwaltung musste das Konzept konkret ausformuliert und mit Lageplänen versehen werden. Um die Zustimmung der StadtteilbewohnerInnen zu erzielen, stellte das Team die Projektidee AUSSERHALB [1] im Beirat Woltmershausen, dem politischen Gremium des Stadtteils vor. In der weiteren Umsetzung des Projekts standen die Verantwortlichen laufend in Kontakt mit der Verwaltung, um ein friedliches Miteinander im Quartier garantieren zu können. Mit einer relativ kurzen Vorlaufzeit gelang es den MacherInnen so, die rechtliche Grundlage und die nachbarschaftliche Akzeptanz für ihre Umsetzung zu erreichen.

Ein offener Planungsprozess eröffnet Teilhabemöglichkeiten

Die Projektumsetzung funktioniert nur, wenn sie im Einklang mit den NachbarInnen und AnwohnerInnen geschieht, wenn die Rücksichtnahme auf das Umfeld selbstverständliches Gebot ist. BesucherInnen und BürgerInnen wollen wissen, was in ihrer Stadt, in ihrem alltäglichen Umfeld passiert – je mehr im Vorfeld vermittelt wird, desto größer wird die Akzeptanz während der Projektumsetzung sein. Bei der Umsetzung des Projekts werden im Idealfall Anknüpfungspunkte für die Nachbarschaft geboten. Von einem Tag der offenen Tür über Flohmärkte, einen Workshop zur Zukunft des Gebäudes oder Areals, Flyer und die persönliche Einladung zur Eröffnung des Projekts können die Möglichkeiten zur Gestaltung der Teilhabe dabei reichen. Bei jeder partizipativen Idee, die genutzt wird, sollten sich die MacherInnen im Vorfeld Gedanken machen, welche Zielgruppe sie aus welchem Grund einladen und ansprechen möchten. Es gilt, die eigenen Methoden kritisch zu hinterfragen, ob

1 https://www.facebook.com/halbaussen

sie wirklich zur Teilhabe einladen. Wer andere Menschen ins eigene Projekt einlädt, muss zudem überlegen, was das für die eigene Projektidee bedeuten kann, muss kritikfähig und kompromissbereit sein. Im Idealfall einer demokratisch gedachten Stadtgestaltungsmaßnahme wird Offenheit im Planungsprozess vorausbedacht, sodass neue InteressentInnen wirklich mitgestalten können.

**ERFAHRUNGSSCHATZZZ AUS DER PRAXIS:
AB GEHT DIE LUCIE! – KULTURGARTENPROJEKT IN DER
BREMER NEUSTADT** → Projektsteckbrief S. 272

Das Urban-Gardening-Projekt wurde von verschiedenen Initiativen auf dem gepflasterten, bisher recht tristen Lucie-Flechtmann-Platz im Sommer 2013 initiiert. Von Beginn an wurde die Nachbarschaft einbezogen, zu den InitiatorInnen gehörten die BewohnerInnen eines nahegelegenen Wohnprojekts und einer SeniorInnenresidenz im Umfeld des Platzes. Mit einem Fest im Juni 2013 wurde das Projekt eröffnet und zum Mitmachen eingeladen. Das Netzwerk der aktiven GärtnerInnen und Lucie-UnterstützerInnen wächst stetig: JedeR kann mitgärtnern oder sich im Plenum an der Planung und in verschiedenen AGs beteiligen. Selbst ohne grünen Daumen oder Zeit für ein regelmäßiges ehrenamtliches Engagement dürfen Tomaten, Zucchini und Erdbeeren im Sommer geerntet werden – der Lucie-Garten ist als öffentlicher Raum permanent frei zugänglich und dient den AnwohnerInnen als Ruheoase mit Sitzgelegenheiten. Im November 2015 gewann der mittlerweile gegründete Verein KulturPflanzen e.V. den Deutschen Bürgerpreis in der Kategorie Alltagshelden und im September 2016 erhielt er den Hilde-Adolf-Preis für bürgerschaftliches Engagement. Das Projekt ist zentraler Bestandteil der Neubeplanung des Platzes und aus dem wachsenden Netzwerk heraus wird aktuell an weiteren Ideen für den Stadtteil gearbeitet.

DIY – Einfach machen!

Der Wille der NutzerInnen, Räume selbst zu gestalten und zu verwalten, ist stark. Mit Motivation und Engagement werden Ideen im Austausch und Verbund mit Menschen verschiedener Professionen geplant und umgesetzt. Die Verantwortung für den eigenen Raum, bei gleichzeitiger Gestaltungsfreiheit, führt in der Regel zu einem leidenschaftlichen und unendlichen Einsatz für den Raum. Ohne die Vorgabe von Nutzungszwecken durch geldgebende Autoritäten oder städtische Institutionen werden Möglichkeitsräume erschlossen und Ideen umgesetzt, die vorher nicht vorstellbar waren. Im Handeln werden die ProjektorganisatorInnen zu ExpertInnen der genutzten Räume und der eigenen Idee. Rund um die Umsetzung werden Fähigkeiten zu Projektmanagement, Akquise und Öffentlichkeitsarbeit erworben, das handwerkliche Geschick und kreatives, querdenkendes Improvisationstalent herausgefordert. Das Aushandeln mit verschiedenen AnsprechpartnerInnen (EigentümerInnen, Politik, Verwaltung, Nachbarschaft, Sponsoren) und die Zusammenarbeit im Team fördern die Verhandlungssicherheit sowie die Offenheit für Kompromisse, Eingeständnisse und neue Räume.

**ERFAHRUNGSSCHATZZZ AUS DER PRAXIS:
DIE KOMPLETTE PALETTE – EINE BESONDERE BÜHNE
AUF BAY-WATCH** → Projektsteckbrief S. 292

ImmO Wischhusen, gebürtiger Bremer und als Flowin ImmO eine lebende Legende der deutschen Rapszene, baute auf dem BAY-WATCH-Gelände eine mobile Bühne aus Paletten: DIE KOMPLETTE PALETTE[2]. Als Rapper sonst eher auf professionellen Bühnen zu Hause, plante und baute er mit Unterstützung von FreundInnen und Fans eine eigene Bühne, die vor allem SchülerInnen im Rahmen von Rap-Workshops und anderen MusikerInnen zur Verfügung

[2] http://dkp.online

stand. Die mobile Bühne stellte im Sommer 2016 einen Magneten im Hemelinger Hafen dar. Das Zeichnen von Bauplänen, das Bauen und das Einholen von Genehmigungen gehört nicht zu den Standardaufgaben des Rappers, doch in Kooperation mit Fachleuten wurde die beeindruckende, standfeste Konstruktion in Eigenregie und mit viel Herzblut gebaut, auf Statik und Brandschutz geprüft und in Betrieb genommen. Die Mühe zahlte sich aus, die BesucherInnen und Workshop-TeilnehmerInnen feierten »Die Komplette Palette« ausgiebig und Flowin ImmO und seine UnterstützerInnen wurden zu ExpertInnen ihrer individuellen Bühne. Sie werden das Projekt 2017 an einer anderen Stelle fortführen.

Gestaltungsfreiheit im institutionalisierten
Rahmen als Schatz erkennen

Zwischennutzungen sind immer ein Aushandlungsprozess zwischen den individuellen Wünschen und Erwartungen ihrer AkteurInnen (NutzerInnen und EigentümerInnen) und den Anliegen der Stadtgesellschaft. Für ihre Entfaltung brauchen die ZwischennutzerInnen ein Maximum an Freiheit, während Verwaltung und EigentümerInnen eine verlässliche Struktur anstreben. Zu dieser gehören Regelungen und Vorschriften, die für die Projekte ausgehandelt werden, und Verträge zur Absicherung als vertrauensbildender Schritt für die EigentümerInnen und als Schritt in Richtung Verantwortungsübernahme für die NutzerInnen. Hierzu gehört auch die Einbettung von Zwischennutzungen in Verwaltung und Politik als gelebte Praxis der dort handelnden AkteurInnen. Jedes Projekt kann nur so gut funktionieren, wie die in dem Projekt Handelnden dazu befähigt und ermächtigt werden, dieses umzusetzen. Zwischennutzungen entstehen und wachsen aus den Ideen und der Leidenschaft ihrer

NutzerInnen, diesen muss die Möglichkeit gegeben werden, jene auszuleben und selbst zu gestalten.

ERFAHRUNGSSCHATZZZ AUS DER PRAXIS:
DAS FESTIVAL UNTERSEEDORF IN DER BREMER ÜBERSEESTADT
→ Projektsteckbrief S. 267

Mitten in der Überseestadt, dem größten innerstädtischen Stadtentwicklungsprojekt Bremens, verwandelte der Zuckerwerk e.V. im Sommer 2013 eine Brachfläche in ein Festivalgelände. An zwei Wochenenden konnten BesucherInnen tagsüber das Kulturprogramm genießen, an Workshops teilnehmen, diskutieren oder Kaffeetrinken und die Nächte unter Sternen durchtanzen. Wochenlang erschufen die MacherInnen gemeinschaftlich eine DIY-Welt zwischen den Neubauten und Baustellen der Überseestadt. Auch wenn die Brachfläche nur temporär zur Verfügung stand und obwohl die Regularien wie Brandschutz und Statik geprüft wurden, so war doch für einige Wochen ein Maximum an Freiheit mit diesem Festival an diesem Ort in der Überseestadt gegeben, der einen wilden, einladenden Kontrast zur direkten Umgebung bildete.

Die mediale Öffentlichkeit wirkt als Katalysator

Die Akzeptanz von Zwischennutzungen hängt stark von ihrer Wahrnehmung in der Öffentlichkeit ab. Die Präsenz in den lokalen und sozialen Medien, die Bewerbung im Stadtteil und die Einladung der NachbarInnen erzeugen Neugier und Toleranz. Die Projektverantwortlichen gewinnen so neue UnterstützerInnen oder sogar MitstreiterInnen für die Projekte und sie haben die Möglichkeit, Feedback auf die Ideen zu bekommen. Öffentlichkeitsarbeit ist eine Möglichkeit, die eigene Meinung wirksam zu artikulieren und in den Austausch über unterschiedliche Nutzungsansprüche zu kommen. Um möglichst viele Menschen zu erreichen, sind diverse Wege nötig und möglich, wie die Verbreitung über FreundInnen und Netzwerke, die lokalen Zeitungen, die sozialen Medien, der Aufbau einer Internetseite oder das Führen eines Blogs, aber auch das Informieren über Flyer oder Plakate. Je mehr StadtbewohnerInnen von der Projektumsetzung erfahren, desto präsenter wird das Projekt und der genutzte Raum rückt auf die mentale Karte der StadtbewohnerInnen.

**ERFAHRUNGSSCHATZZZ AUS DER PRAXIS:
PFLEGER UND SAMMLER IN BREMEN-HUCKELRIEDE**

→ Projektsteckbrief S. 254

Im Stadtteil Bremen-Huckelriede wurde im Sommer 2013 für sechs Wochen eine grün überwucherte Baulücke am Buntentorsteinweg zum Standort des gemeinsam vom Alsomirschmeckts!-Theater, dem Künstlerkollektiv R&ST[3] und dem AAA umgesetzten Projekts PFLEGER UND SAMMLER. Insgesamt konnten an zwei Wochenenden über 500 BesucherInnen begrüßt werden. Dieser Erfolg lag unter anderem in der Öffentlichkeitsarbeit begründet, die sowohl an die Nachbarschaft direkt adressiert war als auch die gesamte Stadtgesellschaft ansprach. Die Öffentlichkeitsarbeit umfasste Flyer, viele persönliche Gespräche sowie theatrale Aktionen im Stadtraum. Zu den einzelnen Veranstaltungen wurden VertreterInnen der Presse eingeladen und es ergaben sich Artikel in der lokalen Presse sowie überregionale Berichterstattung in einer Kultursendung des Deutschlandfunks und auf Funkhaus Europa. Diese Berichterstattung führte dazu, dass das Kulturprogramm mit Konzerten, Kino, Lesungen und Urbanen Spaziergängen sowie das Angebot, die eigenen Zimmerpflanzen in einer Pflanzenambulanz in Pflege zu geben, gut angenommen wurde. Der ungenutzte Ort wurde temporär zum Anlaufpunkt für die Nachbarschaft.

---

3 https://49rst.wordpress.com

Die Erfahrungen der ZZZ mit Zwischennutzungen setzen sich aus der Wechselwirkung zwischen der Erprobung von Zwischennutzungen, der theoretischen Reflexion der Praxis sowie dem internationalen wissenschaftlich-praktischen Austausch zusammen. Sie ermöglichen es, viele Zwischennutzungen unkompliziert anzuschieben und doch ergänzt nahezu jede neue Zwischennutzung durch individuelle Herausforderungen das bestehende Wissen. Dieser Schatz an Erfahrungen der MacherInnen und der ZZZ, wie auch das kollektive Wissen der Stadtgesellschaft Bremens zum stadtplanerischen Instrument Zwischennutzung, wächst stetig. Das Potenzial von Zwischennutzungen ist längst nicht ausgeschöpft.

175

Urbanes Gärtnern »Ab geht die Lucie!« auf dem Lucie-Flechtmann-Platz in der Bremer Neustadt Urban gardening "Ab geht die Lucie!" at Lucie-Flechtmann-Platz in Bremen's Neustadt © Sebastian Burger

Treasure Troves of Experience and Success Factors

The ZwischenZeitZentrale Bremen has been gathering practical experience and generating knowledge about the organization of temporary use projects in the Free Hanseatic City of Bremen for the last seven years. A number of questions have been raised on a regular basis and can meanwhile quickly be solved with generally valid answers. However, time and again, individual temporary use projects proceed uniquely and may make new aspects apparent. The sum of the ZZZ's experience constitutes a treasure trove of valuable knowledge that can be transferred and translated for a variety of individual cases.

Temporary use projects are not stopgap solutions for a general lack of concepts and the period before one strikes it big. Rather, they are the successive appropriation of spaces and the organic growing of a compatible concept on a neighborhood level. Temporary use projects create opportunities for artists, people engaged in the cultural sector and entrepreneurs, but in no way do they substitute the normal promotion of culture. Likewise, they are not an alternative to the promotion of business start-ups. Instead, they temporarily enable the experimental use of spaces for cultural initiatives and entrepreneurs and open these up for use as venues or for testing new business ideas.

The following five experience "gems" have been extracted from projects from recent years as applicable and transferrable knowledge. They encourage individuals to implement their ideas for a temporary use project; however, their wisdom is above all suited for transference to general processes of urban and project development.

Collaborations Are Worth Their Weight in Gold

The people who are involved in a project, whether project initiators, active players, neighbors, visitors or simply citizens, are the focus of any temporary use project. In the beginning, it is usually individuals or small groups that kick-start projects. They already know each other and may have carried out individual projects in the past. When these people dream, think and plan together in a vacant space, be it on a brownfield site or in a building, the unused space that has been relieved of its previous purpose becomes a temporary laboratory.

The temporality and locality of temporary use projects provides an opportunity to test not only the space, but also team constellations, collaborations and role allocation. Honest and open dialogue with contact persons from the administration and politics and confident communication with the owners are the point of departure for a temporary use project that is satisfactory for everyone involved. The atmosphere in which this kind of active urban design works is marked by openness, acceptance and transparency. This atmosphere must be promoted by all of the actors involved and on the part of the city administration and politics.

A TREASURE TROVE OF REAL-WORLD EXPERIENCE: AUSSERHALB – THREE MONTHS OF MUSIC, CULTURE AND DIY IN BREMEN-WOLTMERSHAUSEN

→Project Profile, p. 289

The organizers of the three-month activation of a green area in the Woltmershausen district of Bremen created a magical venue for art, culture and discussions even though the site lacked any infrastructure whatsoever. The project team had already tested its collaboration within the scope of a self-organized temporary use in downtown Bremen. The very young project initiators—some of which were still in school at the time—mastered the dialogue with the support of the ZZZ. The concept had to be written up for the administration and furnished with site plans. The project team presented the project idea "AUSSERHALB"[1] at Woltmershausen's advisory council, the district's political body, in order to obtain approval by neighborhood residents. As the implementation of the project progressed, those responsible were in continuous contact with the administration in order to guarantee peaceful cooperation in the district. Thus, with a relatively short lead-time, the initiators succeeded in achieving the legal basis for and neighbors' acceptance of their project.

An Open Planning Process Opens Up Opportunities for Participation

The implementation of a project only works if it occurs in harmony with neighbors and local residents and if taking the environment into consideration is a matter of course. Visitors and citizens want to know what is happening in their city and in their everyday surroundings—the more that is communicated prior to a project's kick-off, the greater the acceptance will be during the project's implementation phase. In an ideal situation, points of contact are made available to the neighborhood when a project is implemented. The possibilities for participation range from open houses to flea markets, from a workshop about the future of the building or site to flyers or a personal invitation to the opening of the project. For each participative idea that is implemented, the initiators should give due thought to which target group(s) they want to invite and address and why they want to address these target group(s). It is necessary to scrutinize one's own methods with respect to whether they really invite participation. Moreover, those who invite other people to join their project have to consider what that could mean for their project idea – they should be able to take criticism and make compromises. In an ideal, democratically-conceived urban design process, openness is taken into consideration in advance so that new interested parties are really able to help shape it.

A TREASURE TROVE OF REAL-WORLD EXPERIENCE: AB GEHT DIE LUCIE! – CULTURAL GARDEN PROJECT IN BREMEN'S NEUSTADT

→Project Profile, p. 272

This urban gardening project was initiated in the summer of 2013 by various initiatives on the paved but to date very run-down

---

1 https://www.facebook.com/halbaussen/

Lucie-Flechtmann-Platz. Neighbors were included from the outset; the initiators included the residents of a nearby residential project and a senior citizens' residence in the vicinity of the square. The project was opened in June 2013 with a celebration and people were invited to take part. The network of active gardeners and Lucie supporters is constantly growing: anyone can garden or participate in the plenum or in various working groups. Tomatoes, zucchini and strawberries can be harvested in the summer even without a green thumb or time for regular voluntary involvement. Like other public spaces, the Lucie Garden is freely accessible on a permanent basis and serves residents as an oasis with seating. In November 2015, the association KulturPflanzen e.V., which had been established in connection with the Lucie Garden, won the German Citizen's Award in the category "Everyday Heroes." In September 2016, it received the Hilde Adolf Award for civic involvement. The project plays a key role of the new planning of the square, and further ideas for the district are currently being drawn up out of the growing network.

DIY—Just Do It!

There is a large amount of user willingness to structure and administrate spaces themselves. People from different professions cooperate to plan and implement ideas with motivation and commitment. Responsibility for a space and design flexibility usually lead to a passionate and lasting commitment to the space. When intended uses are not proscribed by the authorities or municipal institutions which are providing financial backing, spaces of possibility are opened up and ideas are implemented which were previously inconceivable. By taking action, the project organizers become experts in the spaces being used and in their own ideas. Skills are acquired in the areas of project management, acquisition and public relations; craftsmanship and the talent for creative, unconventional improvisation are called for. Negotiating with the different contact partners (owners, policymakers, administrators, neighbors, sponsors) and cooperation within the team promotes business fluency, as well as the openness for new spaces and for making compromises and concessions.

A TREASURE TROVE OF REAL-WORLD EXPERIENCE: DIE KOMPLETTE PALETTE —A SPECIAL STAGE AT BAY-WATCH

→Project Profile, p. 292

ImmO Wischhusen is a native of Bremen. Known as Flowin ImmO, he is a living legend in the German rap scene. He built a mobile stage out of palettes on the grounds of the project BAY-WATCH known as Die Komplette Palette.[2] Despite the fact that he is usually more at home on professional stages as a rapper, with the support of friends and fans he planned and built his own stage which was primarily made available to students within the scope of rap workshops and to other musicians. The mobile stage served as a magnet in Hemelingen's port area in summer 2016. Drawing construction plans, building and obtaining permits do not belong to a rapper's standard tasks, yet in cooperation with experts they built the

2 http://dkp.online

striking, stable construction single-handedly and with lots blood, sweat and tears, had it inspected for statics and fire protection and opened it for operation. The effort paid off: visitors and workshop participants heartily celebrated DIE KOMPLETTE PALETTE, and Flowin ImmO and his supporters became experts about their individual stage. They are going to continue the project at another site in 2017.

Recognizing Design Flexibility as a Treasure Trove within an Institutionalized Framework
Temporary use projects are always a negotiation process between the individual wishes and expectations of the users and owners and the concerns of urban society. Temporary users require a maximum amount of freedom for developing their projects, while administrators and owners strive for a reliable structure. Rules and regulations negotiated for the projects and contracts as insurance can be a confidence-building step for the owners and a step in the direction of assuming responsibility for the users. This also means embedding temporary use projects in the day-to-day practice of actors in the administration and politics. A project's success hinges on users feeling empowered to implement it. Temporary use projects originate in and grow out of user's ideas and passion; thus, they have to be given the opportunity to act their ideas out and design the projects on their own.

A TREASURE TROVE OF REAL-WORLD EXPERIENCE: THE UNTERSEEDORF FESTIVAL IN BREMEN'S ÜBERSEESTADT
→Project Profile, p. 267
In summer 2013, Zuckerwerk e.V. transformed a brownfield into a festival site in the middle of Überseestadt, Bremen's largest inner-city urban development project. On two weekends, visitors could enjoy the cultural program, participate in workshops or discussions and drink coffee during the day and dance the whole night through under the stars. For weeks, the initiators collectively created a DIY world between the Überseestadt's new buildings and construction sites. Although the brownfield site was only available temporarily and regulations such as fire protection and statics were reviewed, for several weeks the festival made for a maximum of freedom at this site in Überseestadt and constituted a wild, inviting contrast to the immediate surroundings.

Media Attention as a Catalyst
The acceptance of temporary use projects is heavily dependent on their public perception. Their presence in local and social media, their promotion in the district and the invitation of neighbors promote curiosity and tolerance. Those responsible thus gain new supporters and even allies for their projects and have the chance to receive feedback about their ideas. Media publicity is one possibility for effectively articulating one's own opinion and entering into an exchange about differing demands for use. In order to reach as many people as possible, various paths are necessary and possible, including word of mouth, local

newspapers, social media, a website or blog and flyers or posters. The more residents of the city learn about the implementation of the project, the more palpable the project becomes and the space being used appears on urban residents' mental map.

A TREASURE TROVE OF REAL-WORLD EXPERIENCE: PFLEGER UND SAMMLER IN BREMEN-HUCKELRIEDE
→Project Profile, p. 254

For six weeks in summer 2013, a vacant lot on Buntentorsteinweg in the Huckelriede district of Bremen became the site of the Pfleger und Sammler project, which was jointly implemented by the Alsomirschmeckts! Theater, the artists' collective R&ST [3] and the AAA. The project welcomed a total of more than 500 visitors on two weekends. This success was due, among other things, to publicity which addressed both people in the neighborhood and urban society on the whole. The PR work consisted of flyers, numerous personal conversations and theater in public space. Representatives of the press were invited to the individual events, which resulted in articles in the local press and nationwide news coverage in a cultural program broadcast by the Deutschlandfunk and on Funkhaus Europe. This news coverage led to a favorable acceptance of the cultural program, which included concerts, movie screenings, readings, urban walks and a drop-in plant clinic where individuals could bring their indoor plants. The unused site temporarily became a center of activity for people in the neighborhood.

The ZZZ's experience with temporary spaces consists of the interaction between testing temporary use projects, theoretical reflection on the practice and a scholarly, practical exchange at an international level. The ZZZ facilitates the starting phase of numerous temporary use projects in an uncomplicated way, and yet nearly every new temporary use expands existing knowledge owing to individual challenges. The users' and the ZZZ's combined treasure trove of experience and the collective knowledge of Bremen's urban society about temporary use as an urban planning instrument is constantly growing. The potential of temporary use projects is by no means exhausted.

---

3   https://49rst.wordpress.com

Festival »Unterseedorf« in der Bremer Überseestadt
The "Unterseedorf" festival in Bremen's Überseestadt © Rasmus Rienecker

Urbane Labore – Modelle für die Stadt von morgen

Experimentelle Situationen sind der Standard bei Zwischennutzungen. Ihre Umsetzung und Realisierung ist ebenso hinreichend erprobt wie der Umgang mit Konflikten, die sich aus den veränderten Flächenansprüchen ergeben. Doch wie lassen sich diese Erfahrungen auf neue Kontexte übertragen und wie können diese experimentellen Situationen gefördert werden, um aktuellen Herausforderungen der Stadtgesellschaft innovative Lösungen entgegenzusetzen? Mit dem Konzept von Urbanen Laboren wird an Modellen gearbeitet, die sich dieser Fragestellung verschrieben haben.

Herausforderungen

Europaweit stehen Kommunen vor der Herausforderung, Geflüchtete angemessen willkommen zu heißen und sie beim Aufbau einer neuen Heimat zu unterstützen. Viel zu oft werden die Menschen, die allein oder mit ihren Familien ankommen, aber dezentral in provisorischen Unterkünften, in Turnhallen, ehemaligen Kasernen, Containerdörfern oder Zelten auf Brachen untergebracht. Als Neuankommende haben sie so kaum die Möglichkeit, aktiv am stadtgesellschaftlichen Leben teilzunehmen, ihr Recht auf Stadt und Zentralität wahrzunehmen und ihre physische Umgebung sowie den eigenen Alltag individuell zu gestalten. Vor diesem Hintergrund sind Projekte wie das Grandhotel Cosmopolis[1] in Augsburg oder das Bellevue di Monaco[2] in München Leuchttürme der urbanen und sozialen Inklusion im Angesicht neuer Nachbarschaften.

1 http://www.grandhotel-cosmopolis.org/de/
2 http://www.bellevuedimonaco.de

In beiden Projekten wurden ehemalige Leerstände von KünstlerInnen und aktiven Netzwerken in Räume gelebter Integration umgewandelt, die Geflüchteten verschiedene Anknüpfungspunkte in die Stadtgesellschaft bieten. Bremen hat im Jahr 2015 ca. 10 000 Geflüchtete aufgenommen. Quartiere, in denen die Situation aufgrund von Arbeitslosigkeit und Leerstand bereits vor dem Zuzug von Flüchtlingen angespannt war, müssen diese zusätzliche Herausforderung meistern. Während im Zuge der Schaffung neuen Wohnraums Freiflächen bebaut werden, stehen in Bremen gleichzeitig Gebäude und Flächen in zentraler Lage frei, die das Potenzial hätten, als Wohnraum und Plattform für kulturelle und wirtschaftliche Aktivitäten genutzt zu werden. Gleichzeitig muss die Stadt die Chance ergreifen und hier weiterhin Anreize schaffen, die Bremen im Wettbewerb der Städte für junge Menschen (24- bis 34-Jährige) langfristig attraktiv machen.

Vision

Die Schaffung von Urbanen Laboren als Entstehungsorte für neue Formen des Zusammenarbeitens und -lebens ist vor diesen Hintergründen, den Erfahrungen der vergangenen Jahre und dem Austausch mit europäischen PartnerInnen das Ziel der ZZZ für die kommenden Jahre.

Urbane Labore sind experimentelle und multifunktionale Möglichkeitsräume in neuen Nachbarschaften: Sie verknüpfen die Funktionen Arbeiten, Wohnen, Lernen, Qualifizieren und bieten darüber hinaus Raum zum Kennenlernen und Austauschen. Sie stellen günstige Büro- und Arbeitsräume zur Verfügung, die von Geflüchteten und GründerInnen aus dem Quartier genauso genutzt werden wie von Unternehmen und Start-Ups der Bremer Kultur- und Kreativwirtschaft. Urbane Labore bilden Schnittstellen für bestehende und neu geschaffene Kultur- und Bildungsangebote im Stadtteil. Die Kollaboration mit ExpertInnen der Bildungs- und Arbeitsmarktlandschaft ebenso wie mit lokalen VertreterInnen der Beiräte, mit Kultur- und Sportvereinen und den Schulen ist Grundlage für die Implementierung des Urbanen Labors.

Die Finanzierungsmodelle, die ein Urbanes Labor ermöglichen, sind dabei unterschiedlich: Von der Gastronomie oder dem Hotelbetrieb als Ankermieter, der die anderen Nutzungen subventioniert und als Treffpunkt für die Nachbarschaft und die NutzerInnen dient, über die Sozialgenossenschaft oder das Crowdfunding als Anschubfinanzierung sind verschiedene Modelle (auch in Kombination) denkbar. Dies geschieht in aktuell leer stehenden, möglicherweise ganz unterschiedlichen Räumen, deren Perspektive unklar ist, mit der Chance auf eine Verstetigung des Experiments zu einer regulären Nutzung. Das Konzept der Urbanen Labore ist ein wandelbares Grundgerüst, welches die Voraussetzungen des jeweiligen Leerstands und die Vorbedingungen der jeweiligen Nachbarschaft in den individuellen Ausgestaltungsprozess einbezieht. Die räumliche Nähe zu Wohnmöglichkeiten für Geflüchtete ist kein Zufall, sondern Motor des Urbanen Labors. Es ist ein Ort, an dem die Ideen und Talente der Einzelnen einen Raum finden und im Austausch miteinander realisiert werden.

Bedingung für die Umsetzung eines Urbanen Labors ist es, dass die heterogenen NutzerInnen die Grundidee des Urbanen Labors verstehen, akzeptieren und gemeinsam leben. Das Projekt verläuft als eigenverantwortliche Aneignung, in der die Perspektiven der unterschiedlichen NutzerInnnen (Geflüchtete, NachbarInnen, BürgerInnen, StadtplanerInnen, GeschäftsgründerInnen, PolitikerInnen und AktivistInnen) als MitgestalterInnen ihren Platz finden. Das Urbane Labor wird zum laufenden Experiment, von dem kreative Impulse und nachhaltige Strategien für das Zusammenleben und Arbeiten im gesamten Stadtteil ausgehen. Es ist offen, zu scheitern oder aber sich von der Zwischennutzung zum Dauerzustand zu etablieren.

In der Laborsituation wird erprobt, was dann als Modell für die Übertragung auf die gesamte Stadt dienen kann. Dazu wird der bisherige Ansatz der ZZZ genutzt: Die Suche nach der geeigneten Nachnutzung für ein leer stehendes Gebäude durch viele Kombinationen von NutzerInnen, bis die geeignete gefunden ist, um eine langfristige Perspektive zu entwickeln. Dieses Vorgehen wird um weitere Dimensionen erweitert: Es werden weitere NutzerInnen angesprochen, weitere Institutionen und KooperationspartnerInnen werden eingebunden und die Einbettung in das umgebende Quartier gewinnt eine noch größere Bedeutung.

Foyer im Grandhotel Cosmopolis in Augsburg: Platz für Begegnungen
Foyer of the Grandhotel Cosmopolis in Augsburg: Room for encounters © Alexander Kohler

Das EU-Projekt REFILL als Feedbackmaschine und Experimentierfeld

Mit der Idee von Urbanen Laboren als Weiterentwicklung der bisherigen Zwischennutzungsstrategien beteiligt sich Bremen seit 2014 an dem URBACT III-Projekt REFILL (Reuse of vacant spaces as driving force for innovation on local level). Im Projekt sind aktuell zehn europäische Städte vernetzt, die seit Jahren erfolgreich mit Zwischennutzungen experimentieren. Ziel von REFILL ist es, in den einzelnen Partnerstädten Konzepte zu entwickeln, die eine Verstetigung der erfolgreichen Zwischennutzungsprojekte und Netzwerke und ihre Übertragung auf andere Kontexte erlauben. Das Programm URBACT ist partizipativ ausgelegt, die Bildung einer lokalen Unterstützungsgruppe, welche die Strategien für die Umsetzung mitentwickelt und trägt, ist Bedingung für jedes Projekt. REFILL dient als Möglichkeit, die lokal erprobten Strategien auszutauschen und ExpertInneninput zu bekommen sowie sich von Projekten in den Partnerstädten inspirieren zu lassen[3]. In der Umsetzung der Ideen Urbaner Labore bedeutet dies eine stetige Rückkopplung der europäischen Erfahrungen mit den eigenen Schritten; zu vielen Herausforderungen lassen sich aber auch Praktiken aus den Partnerstädten übertragen, so etwa Erfahrungen zur Unterstützung von Selbstorganisationsprozessen in Athen, Ideen zur Beteiligung der Wirtschaft in Amersfoort oder die innovative Förderung von kulturellen und sozialen Projekten in Gent.

Als ganz konkrete Erfahrung für die Umsetzung in Bremen lässt sich das Genter Projekt DE SITE[4] nennen. Diese Zwischennutzung ist als Projekt zur Beteiligung der BürgerInnen an der Entwicklung einer

---

[3] Jegou, Francois, Bonneau, Marcellin, REFILL-Baseline-Study, 2016
[4] http://www.rabotsite.be/nl

Brachfläche im Stadtteil Rabot entstanden und bietet den AnwohnerInnen die Möglichkeit, eigene Gärten anzulegen. Die Fläche dafür können sie allerdings nur mit der Alternativwährung Torekes erwerben, die wiederum nur durch gemeinnützige Arbeit im Projekt verdient werden kann (durch Mithilfe am Projekt insgesamt, Wartung der Infrastruktur, Angebot von Kursen). Angeschlossen an das Urban-Gardening-Projekt ist mittlerweile auch ein lokaler Shop mit Restaurant, in dem Gemüse und Obst aus dem Projekt angeboten werden. Diese Lebensmittel können sowohl mit Torekes als auch mit regulären Euros erworben werden. Die Idee einer Alternativwährung als Instrument, um BürgerInnen für Projekte zu aktivieren und alternative Zugänge zu Räumen zu ermöglichen, wurde von der ZZZ im Rahmen des Projekts Blumenbank erprobt. Im Zuge eines Gastspiels des Theaters Bremen im Stadtteil Blumenthal eröffnete die ZZZ für zehn Tage eine eigene Bank – die BLUMENBANK –, in der die Alternativwährung Blumentaler gegen Vorlage einer Bescheinigung über gemeinnützige Arbeit ausgezahlt wurde. Mit den Blumentalern konnten wiederum Eintrittskarten für das Theater, Eis, Getränke und Essen erworben werden. Die positive Resonanz und die hohe Beteiligung an dieser temporären Inszenierung motiviert, diese Idee in neuen Projekten mit längerer Laufzeit als partizipatorisches Element einzusetzen. → Projektsteckbrief Blumenbank S. 294

WURST CASE als Prototyp eines Urbanen Labors

Die Umsetzung eines Urbanen Labors ist ein partizipativer Prozess, der schrittweise vollzogen wird. Es werden verschiedene Formate erprobt, um die Bedarfe der zukünftigen NutzerInnen und UmnutzerInnen herauszufinden. Im WURST CASE, der als Prototyp eines Urbanen Labors anzusehen ist, startete das Ausprobieren von Formaten mit einer Fahrradwerkstatt, die in Kooperation mit der Arbeiterwohlfahrt als Trägerin des nahegelegenen

Übergangswohnheims in Bremen-Arbergen und der Initiative Freischrauber entstanden ist. Die Werkstatt ist ein Anlaufpunkt für Geflüchtete und BewohnerInnen aus dem Stadtteil, die hier unter Anleitung ihre Fahrräder wieder reparieren können oder sich das erste Fahrrad aus gebrauchten Fahrradteilen zusammenschrauben. Sie bietet gleichzeitig die Möglichkeit, mit den NutzerInnen des Projekts WURST CASE in Kontakt zu treten und macht neugierig auf die neue, kleinteilige Nutzung des Gebäudes. Ähnlich funktioniert auch das Angebot von Deutschkursen durch einen deutschgambischen Verein. Die KursteilnehmerInnen können einen sehr essenziellen Bedarf stillen, kommen aber auf niedrigschwelliger Ebene mit weiteren Angeboten und bremischen Kreativen in Kontakt. Andere Angebote, wie eine Praktikumsbörse, könnten hier angedockt werden.

Zu einem Tag der offenen Tür wurde die gesamte Nachbarschaft in das Gebäude eingeladen. Die NutzerInnen gaben punktuell Einblicke in ihre Arbeitsweise oder boten Workshops an, bei denen alle den WURST CASE ganz ungezwungen kennenlernen konnten. Ein interkultureller Treffpunkt, beispielsweise ein Café, würde eine weitere niedrigschwellige Schnittstelle und Verhandlungszone zum gegenseitigen Kennenlernen bieten. Der Zugang zu diesem Café müsste für alle offen sein und mit regelmäßigen Veranstaltungen einen Zugangspunkt für die Stadtgesellschaft bieten.

Die gemeinsame Nutzung und Organisation von Infrastrukturen, Räumen und regelmäßigen Angeboten durch Geflüchtete, Kreative und BürgerInnen stellt die Basis für ein gelingendes Zusammenleben dar. → Projektsteckbrief Wurst Case S. 225

EIN BEISPIELHAFTES URBANES LABOR
An Exemplary Urban Laboratory

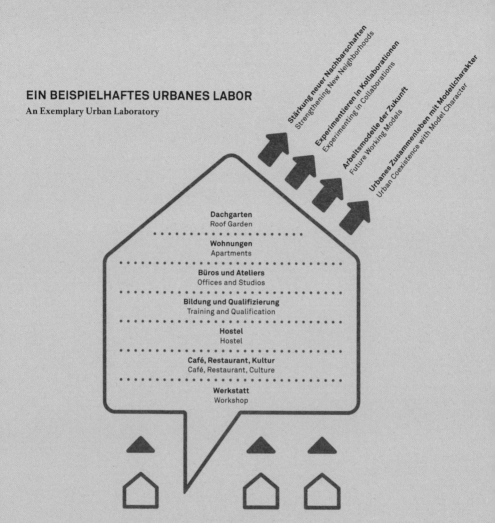

Das Grundkonzept schmiegt sich an bestehende Leerstände an und wird von den InitiatorInnen und der Nachbarschaft ausgeformt. Finanzierungsmodelle, NutzerInnenkonstellationen und die Größe eines Urbanen Labors können divergieren, der Anspruch einer sozialen und urbanen Inklusion von Menschen mit und ohne Fluchthintergrund bleibt.

The basic concept molds itself to existing vacancies and is given final shape by initiators and the neighborhood. Financing models, user constellations and the size of an urban laboratory can differ, however the aspiration is always the social and urban inclusion of individuals with and without a refugee background.

Urbane Labore

zZz

Urban Laboratories

are Platforms

for New
Collaborations
in Temporary Spatial
Constellations

sind
Plattformen

für neue
Kollaborationen
in temporären
Raumkonstella-
tionen

Urban Laboratories–Models for the City of Tomorrow

Experimental situations are the norm when it comes to temporary use projects. Their implementation and realization are tested just as much as how to deal with the conflicts which result from the use change. Yet how can these experiences be transferred to new contexts and how can these experimental situations be promoted in order to counter current challenges in urban society with innovative solutions? Through the concept of urban laboratories, models are being worked on that are committed to dealing with this issue.

Challenges

Throughout Europe, municipalities are faced with the challenge of adequately welcoming refugees and supporting them in setting up a new home. However, people who arrive on their own or with their families are all too often housed on the periphery in temporary accommodations located in gymnasiums, former barracks, container villages or tents on vacant lots. As new arrivals, they therefore hardly have the chance to actively participate in urban life, exercise their right to the city and centrality or individually structure their everyday lives or their physical surroundings. Against this backdrop, projects such as the GRANDHOTEL COSMOPOLIS[1] in Augsburg or the BELLEVUE DI MONACO[2] in Munich are beacons of urban and social inclusion. In both cases, artists and active networks transformed former vacant buildings into spaces of lived integration which offer refugees a variety of points of contact with urban society. In 2015, Bremen accepted approximately 10,000 refugees. Districts in which the situation was tense due to unemployment and vacancies even before the influx of refugees have to cope with this additional challenge. While new housing construction is taking place on greenfields, buildings and sites which have the potential to be used as housing and platforms for cultural and economic activities are vacant or unused in central locations in Bremen. At the same time, the city needs to take the opportunity to create incentives that make Bremen attractive for young people (24- to 34-year-olds) in the long term.

Vision

Against this backdrop, and in view of recent experience and the exchange with European partners, the ZZZ's goal in the years ahead is to create urban laboratories as places where new forms of working and living together can emerge.

Urban laboratories are experimental and multifunctional spaces in new neighborhoods which open up new possibilities: they combine the functions of working, living, learning and qualifying and, beyond that, they provide space for getting to know each other and exchanging views. They make affordable office and working spaces available that can be used either by refugees and entrepreneurs from the district or businesses and start-ups from Bremen's cultural and creative economy. Urban laboratories constitute interfaces for

---

1 http://www.grandhotel-cosmopolis.org/de/
2 http://www.bellevuedimonaco.de

existing and new offerings in the areas of culture and education in the neighborhood. Collaboration with experts from the educational and labor market sectors as well as with local representatives of advisory councils, cultural and sports associations and schools is the foundation for the implementation of an urban laboratory.

The financing models for making an urban laboratory possible vary: anything from restaurants or hotels as anchor tenants who subsidize other uses and serve as meeting places for neighbors and users, to social cooperatives or crowd funding as seed funding (or a combination thereof) is conceivable. Laboratories can take place in a wide variety of vacant spaces whose long-term perspective is unclear, with the possibility of making the experiment permanent. The concept of urban laboratories is a variable basic framework that includes the requirements of the vacant building in question and the neighborhood's preconditions in the individual organization process. The spatial proximity to available housing for refugees is not a coincidence but rather the urban laboratory's driving force. It is a place where individuals can find a space to develop their ideas and talents and to realize them in an exchange with others.

A precondition for the implementation of an urban laboratory is that the varying users understand, accept and collectively live its underlying idea. The project takes place as an autonomous appropriation where space is found for the various users (refugees, neighbors, citizens, urban planners, people starting businesses, politicians and activists) in a participative process. The urban laboratory becomes an ongoing experiment from which creative incentives and sustainable strategies for living and working together in the entire district emanate. It is possible to fail or to transform the temporary use into something permanent.

Situations which are tested in the laboratory situation can serve as models which can be transferred to the city as a whole. For this to happen, the ZZZ's present approach is used: searching for the suitable reuse for a vacant building through numerous combinations of users; once the right one has been found, a long-term perspective can be developed. This course of action is extended by a further dimension in the urban laboratory: additional users are approached, additional institutions and cooperation partners are included and the urban laboratory's embeddedness in the surrounding neighborhood achieves even greater importance.

The EU REFILL Project as a Feedback Engine and Field of Experimentation
Since 2014, Bremen has been participating in the URBACT III project REFILL (Reuse of Vacant Spaces as Driving Force for Innovation on Local Level); in this context, urban laboratories are a further development of previous temporary use strategies. Ten European cities, which have been experimenting successfully with temporary use projects for years, are networked in the project. The goal of REFILL is to develop concepts in the individual partner cities which allow the stabilization of successful temporary use projects and networks and their transference to other contexts. The URBACT program is designed to be participative; the condition for any project is the formation of a local support group which co-develops and sustains the implementation

strategies. REFILL serves as an opportunity to exchange locally tested strategies, receive input from experts and allow oneself to be inspired by projects in the partner cities.[3] For the implementation of the urban laboratories, this means constantly reacting to European experiences by taking one's own steps. Numerous practices from the partner cities in dealing with challenges can also be transferred, for instance experience with supporting self-organization processes in Athens, ideas for the participation of the economy in Amersfoort and the innovative promotion of cultural and social projects in Ghent.

The DE SITE[4] project in Ghent can be cited as a very concrete experience which can be implemented in Bremen. This temporary use originated as a project for the participation of citizens in the development of a brownfield site in the district of Rabot and offered local residents an opportunity to lay out their own gardens. However, the participants can only purchase the site with the alternative currency torekes, which in turn can only be earned by performing nonprofit work in the project (by cooperating on the project as a whole, maintaining the infrastructure, offering courses, etc.). In connection with the urban gardening project, a local shop with a restaurant in which vegetables and fruit from the project are offered for sale has also been developed. These groceries can be bought both with torekes and with euros. The ZZZ tested the idea of an alternative currency as an instrument for activating citizens and enabling alternative access to spaces within the scope of the BLUMENBANK project. In the course of a guest performance by the Theater Bremen in the district of Blumenthal, for ten days the ZZZ opened its own bank—the BLUMENBANK—in which the alternative currency Blumentalers were paid out on presentation of written confirmation that one had performed nonprofit work. In turn, the Blumentalers could be used to buy tickets for the theater, ice cream, beverages and food. The positive response and extent of participation in this temporary staging serve as a source of motivation for applying this idea as a participatory element in new, longer-term projects.
→Project Profile Blumenbank, p. 294

WURST CASE as an Urban Laboratory Prototype

The implementation of an urban laboratory is a participative process that is carried out in stages. Various formats are tested for the purpose of identifying the needs of future users and repurposers. At WURST CASE, which can be seen as an urban laboratory prototype, trying out formats began with a bicycle workshop developed in collaboration with the Freischrauber initiative and the Worker's Welfare Association, which operates the transition hostel for refugees in the nearby Arbergen district of Bremen. The workshop has been a contact point for refugees and neighborhood residents, who can both receive assistance in repairing their bicycles or assembling their first bicycle out of used parts. At the same time, it has provided an opportunity to establish contact with the users of the WURST CASE project and has also aroused interest in the

---

3 Francois Jegou and Marcellin Bonneau, REFILL Baseline Study, 2016
4 http://www.rabotsite.be/nl

new, compartmentalized use of the building. The German courses offered by a German-Gambian association have worked in much the same way. Course participants can satisfy a very essential need but also come into contact with further offers and creative people in Bremen on a low-threshold level. Other offers, such as a traineeship exchange, can be added here.

An open house event at WURST CASE invited the whole neighborhood into the building. The users provided some insight into their work or offered workshops during which everyone could get to know WURST CASE in a very informal way. An intercultural meeting place, for example a café, could provide an additional low-threshold interface and zone of negotiation for getting to know one another. Access to this café would have to be open to everyone and provide a point of access for urban society through regular events.

The shared use and organization of infrastructures and spaces and regular offerings by refugees, creative people and citizens constitutes the foundation for successful coexistence.
→Project Profile Wurst Case, p. 225

Blumenbank »Wie wollen wir arbeiten?« als Bestandteil des Auswärtsspiel:Blumenthal des Theaters Bremen Blumenbank "How do we want to work?" as part of the Auswärtsspiel:Blumenbank by the Theater Bremen © Daniel Schnier

Haustüren und Zeitfenster zur gemeinschaftlichen Stadtgestaltung öffnen

Mit dem Beschluss, die ZZZ für weitere vier Jahre zu fördern, setzt Bremen ein Signal: Dem Experimentieren und Neudenken von Stadt wird auch weiterhin Raum zu Verfügung gestellt. Die anhaltende Nachfrage vieler aktiver Menschen nach Räumen, eine starke Unterstützung aus der Verwaltung und der Politik und der Wille, neuen Herausforderungen zu begegnen haben das möglich gemacht. Dieses Potenzial gilt es weiter auszuschöpfen und über Bremen hinaus zum Schaffen von Entstehungsorten aufzurufen.

Die Weiterführung der ZZZ und die Weiterentwicklung des Prinzips Zwischennutzungen

Trotz der durchweg positiven Bilanz für die beteiligten Ressorts und PartnerInnen waren die ressortübergreifenden Diskussionen über die Fortführung der ZZZ durchaus kontrovers. Hintergrund dieser 2015 einsetzenden Diskussion war, dass sich durch die Stabilisierung der demografischen Entwicklung in der Stadt Bremen und insbesondere angesichts des Bevölkerungswachstums aufgrund des Zustroms von Geflüchteten, der gerade seinen Höhepunkt erreichte, die Rahmenbedingungen der Stadtentwicklung und des Immobilienmarktes im Vergleich zur Situation im Jahr 2012 deutlich verändert hatten. In der Stadt wurden viele Leerstände, vor allem im öffentlichen Eigentum, zu Unterkünften umgewidmet und bisher brachliegende Flächen und Freiräume zu Suchräumen für Wohnbaustandorte. Auch mit Blick auf verfügbare Flächen für gewerbliche Nutzungen wurden Engpässe angemeldet. Damit veränderte sich das Umfeld, in dem die Organisation von Zwischennutzung agiert.

Bei näherer Betrachtung der Situation wurde jedoch klar, dass Räume und Nischen für Zwischennutzungen, insbesondere in peripheren Lagen, weiterhin vorhanden sind: Viele Objekte und Flächen in der Stadt Bremen würden aus verschiedensten Gründen, trotz des neuen Nutzungsdrucks, in strukturellem Leerstand verbleiben. Die Aktivierung dieser Räume bedarf weiterhin einer intensiven Arbeit durch eine öffentlich finanzierte und gesteuerte Zwischennutzungsagentur. Ferner kann die Zwischennutzung eine gute Maßnahme sein, um vor dem Hintergrund des ansteigenden Flächendrucks anstehende Quartiersentwicklungen aktiv zu begleiten und zu unterstützen. Dies gilt auch vor dem Hintergrund der Kreativwirtschaftsstrategie des Landes Bremen. Darin ist festgehalten, dass Freiräume im Zusammenhang mit der gezielten Organisation von Zwischennutzungen eine wichtige Basis für die standortbezogene Weiterentwicklung der Branche sind.

Insbesondere in strukturschwachen Quartieren mit Entwicklungsbedarf gilt es, die vorhandenen Räume mit experimentellen Nutzungen zu beleben und positiv in die Wahrnehmung zu rücken. Denn trotz der skizzierten demografischen Stabilisierung durch den Zuzug von Geflüchteten ergaben jüngste Bevölkerungsanalysen, dass die Wanderungsbilanzen der Stadt gerade bei jungen Menschen in den letzten Jahren weiterhin negative Salden aufwiesen und Bremen nicht zu den sogenannten »Schwarmstädten« der Republik gezählt werden kann. Für die Richtigkeit dieser Strategie sind Städte wie Frankfurt am Main[1] oder Bern[2] gute Vorbilder, die Anfang 2016 ihre öffentlichen Mittel zur systematischen Identifikation von Freiräumen und zur Organisation von Zwischennutzungen

1 http://www.radar-frankfurt.de
2 http://www.bern.ch/themen/planen-und-bauen/stadtentwicklung/stadtentwicklungsprojekte/stek-2016/ergebnisse/siedlung-freiraum.

verstärkten, obwohl die Flächenkonkurrenz und der Nutzungsdruck in diesen Kommunen sicherlich nicht weniger ausgeprägt ist als in Bremen.

Festzuhalten ist: Die Abnahme oder das Fehlen von sichtbaren Leerständen in einer Stadt begründet nicht, dass die Idee von Zwischennutzung und damit Zwischennutzungsagenturen überflüssig sind. Es ist anerkannt, dass sie nicht nur Lücken füllen, sondern als Instrumente der Stadtentwicklung wichtige Experimentierräume für neue Formen des gemeinsamen Stadt- und Arbeitslebens sind. Gerade wenn Leerstände knapper werden, ist es wichtig, die Netzwerke in der Öffnung von Entstehungsräumen zu unterstützen und das Zusammenarbeiten in neuen Konstellationen zu befördern. Zwischennutzungsagenturen sind in jeder Stadt und Kommune wichtige Vermittlerinnen zwischen Verwaltung, Politik, EigentümerInnen und StadtbewohnerInnen und unterstützen die informelle Stadtgestaltung.

Ausschlaggebend für die Fortführung der ZZZ waren schließlich die im Verlauf der vergangenen vier Jahre gewachsenen Ideen zur Weiterentwicklung des Themas und die Ansätze zur Übertragung der grundlegenden Prinzipien und Mechanismen von Zwischennutzung auf andere wichtige Bereiche der Stadtentwicklung. In diesem Zusammenhang standen die Fragen der arbeitsmarktbezogenen und gesellschaftlichen Integration von Geflüchteten im Mittelpunkt der Diskussion der ZZZ-Lenkungsgruppe. Angesichts der Situation im Jahr 2015 wurde deutlich, dass zur Lösung der Herausforderungen nur bedingt auf Standardlösungen oder am Schreibtisch entwickelte Konzepte zurückgegriffen werden kann und dass der experimentelle, ergebnisoffene und ortsbezogene Charakter von Zwischennutzungen die große Chance bietet, modellhaft nach unkonventionellen Antworten für die anstehenden Integrationsaufgaben zu suchen.

Das Potenzial von Zwischennutzungen als
kleinräumige Modelle für die Stadt von morgen

Zwischennutzungen sind kein unmittelbar einsatzbereites Instrument mit voraussagbaren Ergebnissen, sondern das Potenzial liegt gerade in den nicht vorhersehbaren Auswirkungen. Zwischennutzungen werden in einem legalen Rahmen und im vertrauensvollen Dialog geplant und umgesetzt und ermöglichen das gezielte Experimentieren mit kreativen Prozessen, um positive Effekte für die Stadtgesellschaft zu erzeugen. Welche Synergien, neuen Gemeinschaften und Geschäftsideen sich jedoch in der gemeinschaftlichen Erprobung ergeben, ist ungewiss. Das Potenzial, das in den Ideen von Zwischennutzungen steckt, ist längst nicht ausgeschöpft und die erhofften Effekte sind mögliche Antworten auf die Herausforderungen, vor denen Stadtgesellschaften aktuell stehen: Migration, Fluchtbewegungen, schrumpfende und wachsende Städte, Globalisierung.

Für die kommenden Jahre gilt es, mit diesen Ressourcen weiter zu arbeiten – in Bremen, in Deutschland, in Europa. Aus ihrem Erfahrungsschatz und Anspruch heraus appelliert die ZZZ deshalb an StadtbewohnerInnen, EigentümerInnen, Politik und Stadtverwaltungen, gemeinsam in der eigenen Stadt an Experimentierräumen und Zwischennutzungsprojekten zu arbeiten:

STADTBEWOHNERINNEN
   sollten sich als aktive StadtgestalterInnen wahrnehmen.

STADTBEWOHNERINNEN
   können Räume für ihre Ideen öffnen.

STADTBEWOHNERINNEN
   sollten nachbarschaftlich denken und gemeinsam handeln.

EIGENTÜMERINNEN
> von leerstehenden Gebäuden, von Brachen oder Ladenleerständen sollten die Chancen aufgewiesen werden, die in der Nutzung ihrer Objekte liegen.

EIGENTÜMERINNEN
> sollten aufgeschlossen gegenüber experimentellen Zwischennutzungen im formellen Rahmen sein.

EIGENTÜMERINNEN
> sollten von ungeahnten zukünftigen Möglichkeiten für ihre Liegenschaften überzeugt werden.

STADTVERWALTUNGEN
> sollten Freiheiten und Ermessensspielräume im Regelwerk nutzen, um Zwischennutzungen zu ermöglichen und Erfahrungen für Verwaltungsinnovation zu gewinnen.

STADTVERWALTUNGEN
> sollten Netzwerke informeller StadtgestalterInnen positiv bestärken.

STADTVERWALTUNGEN
> müssen AnsprechpartnerInnen und Unterstützung bereitstellen.

POLITIK
> sollte ein Klima für Stadtaneignung im Dialog schaffen.

POLITIK
> sollte Zwischennutzungen als Praktiken gelebter Demokratie im Sinne der Beteiligung und Mitwirkung unterstützen.

Das Modell der ZZZ funktioniert in Bremen, da die Mindestvoraussetzung dafür gegeben ist: Stadtplanung, Wirtschaftsförderung und andere Ressorts der Stadtverwaltung nutzen die Freiheiten und Spielräume im Regelwerk, um Zwischennutzungen in Kooperation mit StadtgestalterInnen zu ermöglichen. Da diese AkteurInnen ihre jeweiligen Möglichkeiten nutzen und zusammenarbeiten, können sich Entstehungsorte mit zahlreichen Perspektiven und Anknüpfungspunkten für neue Nachbarschaften bilden. Sie entwickeln sich, weil an ihnen NachbarInnen eingeladen werden, an diesen Orten teilzuhaben. Entstehungsorte wirken, weil Geflüchtete willkommen geheißen werden und StadtbewohnerInnen gemeinsam lernen, arbeiten und planen. Entstehungsorte erproben urbanes Zusammenleben angesichts neuer und alter Herausforderungen, da sie den Menschen keine fertigen Standardlösungen zugänglich machen, sondern individuelle Gestaltungsmöglichkeiten eröffnen. Haustüren und Zeitfenster öffnen – das bedeutet Möglichkeitsräume anzubieten, um ein gemeinschaftliches und zukunftsfähiges Stadtleben zu unterstützen.

Wurst Case als Urbanes Labor – Tag der offenen Tür
Wurst Case as an urban laboratory—open house event © Mirko Christmann

Urbane Labore

zzZ

Urban Laboratories

Present

Social and Economic Perspectives through Participation

bieten

gesellschaft-
liche und
ökonomische

Perspektiven
durch Teilhabe

Opening Front Doors and Timeframes for Collective Urban Design

With its decision to support the ZZZ for another four years, the City of Bremen has made a clear statement: space will continue to be made available in order to experiment with and rethink the city. This extension has been made possible by numerous active individuals' ongoing demand for spaces, strong support by administrators and policy-makers and the willingness to encounter new challenges. It is necessary to continue to tap this potential and to call for the creation of sites in which these situations can develop outside of Bremen.

The Continuation of the ZZZ and Further Development of Temporary Use Projects

The cross-departmental discussions on the continuation of the ZZZ were quite controversial despite the consistently positive results for the participating departments and partners. The background of this discussion, which began in 2015, was that, in comparison to the situation in 2012, the urban development conditions and the real estate market had changed significantly due to the stabilization of demographic development in the City of Bremen, in particular due to the population growth associated with the accommodation of refugees, which had just reached its high point. Numerous vacant buildings in the city, especially publicly owned buildings, had been designated as shelters, and brownfields and open spaces became potential areas for residential development. There were also shortages with respect to available sites for commercial uses. This changed the sphere in which the organization of temporary use projects could operate.

However, a closer look at the situation revealed that spaces for temporary use projects still exist, in particular in peripheral locations: despite the new demands described above, for a wide range of reasons many objects and sites in the City of Bremen continued to be unused. Activating these spaces still requires intensive work by a publicly financed and controlled temporary use agency. Moreover, against the background of growing demand, temporary use projects can be a good measure to actively accompany and support upcoming district developments. This also applies with regard to the State of Bremen's creative economy strategy, which states that free spaces are an important basis for the sector's site-related development in connection with the specific organization of temporary use projects.

It is necessary to activate existing spaces with experimental uses and raise positive awareness for them, especially in structurally weak districts with development needs. Despite the demographic stabilization that has resulted from the influx of refugees, recent analyses of the population have revealed that migration into the city, especially among young people, continues to be negative and that Bremen cannot be counted among the Republic's so-called magnet cities. Frankfurt am Main[1] or Bern[2] are good models which confirm this strategy; in early 2016, these two cities increased pub-

---

1 http://www.radar-frankfurt.de
2 http://www.bern.ch/themen/planen-und-bauen/stadtentwicklung/stadtentwicklungsprojekte/stek-2016/ergebnisse/siedlung-freiraum.

lic resources for the systematic identification of open spaces and the organization of temporary use projects, even though competition for space and the demand for use was surely no less marked in these municipalities than in Bremen.

One thing is certain: the decrease in or the lack of visible open spaces in a city does not mean that the idea of temporary use and thus temporary use agencies is superfluous. It has been acknowledged that temporary use agencies not only fill gaps but are also urban development instruments which create and provide important spaces of experimentation for new forms of collective life and work in the city. When vacancies become scarce, it becomes even more important to support networks which open up spaces in which new ideas can emerge and to promote collaboration in new constellations. In any city or municipality, temporary use agencies support informal urban design and are important mediators between administrators, policy-makers, owners and urban residents.

A decisive factor in the continuation of the ZZZ was ultimately the desire to further develop the topics which had developed over the course of the last four years and the approaches to transferring the basic principles and mechanisms of temporary use to other important areas of urban development. In this context, questions about the integration of refugees into the labor market and social life were the focus of the discussion that took place in the ZZZ steering group. In light of the situation in 2015, it became apparent that standard solutions or concepts developed sitting at one's desk can only be used to solve challenges to a limited extent; the experimental, open-ended and site-specific character of temporary use projects presents a great opportunity to seek unconventional answers to the integration tasks ahead.

Temporary Use Projects as Small-Scale Models for the City of Tomorrow
Temporary use projects are not a planning instrument which can be employed immediately with predictable results; in fact, their potential lies precisely in their unpredictable impact. Temporary use projects are planned and implemented within a legal framework and in a trusting dialogue; they enable the purposeful experimentation with creative processes in order to generate positive effects for urban society. However, the synergies, new communities and business ideas which come about as a result of collective experimentation are unknown at the outset. The potential of temporary use projects has by no means been exhausted, and the desired effects of these projects are also possible answers to the challenges that urban societies are currently facing: migration, refugees, shrinking and growing cities and globalization. In the years ahead, it will be necessary to continue to work with these resources—in Bremen, in Germany and in Europe. Based on its wealth of experience and aspirations, the ZZZ therefore calls on urban residents, owners, policy-makers and municipal administrators to join forces to work on experimental spaces and temporary use projects in their own city:

URBAN RESIDENTS
>should perceive themselves as active urban designers.

URBAN RESIDENTS
>can open spaces for their own ideas.

URBAN RESIDENTS
>should think in terms of their neighborhood and take action collectively.

OWNERS
>of vacant buildings, brownfields or vacant retail spaces should be made aware of new use opportunities for their properties.

OWNERS
>should be receptive to experimental temporary use projects which are embedded in a formal framework.

OWNERS
>should be persuaded of the unsuspected future potential of their properties.

MUNICIPAL ADMINISTRATIONS
>should use the latitude in their policies to make temporary use projects possible and gain experience in administrative innovation.

MUNICIPAL ADMINISTRATIONS
>should positively reinforce networks of informal urban designers.

MUNICIPAL ADMINISTRATIONS
>have to make contact persons and support available.

POLICY-MAKERS
>should create an atmosphere for urban appropriation which is embedded in a two-way dialogue.

POLICY-MAKERS
>should support temporary use projects as practices of lived democracy in the spirit of participation and cooperation.

The ZZZ's model works in Bremen because the minimum prerequisites are present: urban planning, economic development and other administrative departments use the latitude in their policies to enable temporary use projects in cooperation with urban designers. Because these actors take advantage of their respective possibilities and work together, spaces which have incredible potential, and in which numerous ideas can be implemented, can be developed. These projects create spaces of connection and community for new neighborhoods in which neighbors are invited to participate. These spaces are effective because refugees are welcomed and urban residents learn, work and plan together. These spaces test urban coexistence in the face of new and old challenges because they do not make ready-made standard solutions available to people but rather open up individual design possibilities. They open front doors and timeframes—this means offering spaces of possibility in order to support communal and sustainable urban life.

REFILL-PartnerInnen aus Gent und Brüssel zu Besuch in Bremen
REFILL partners from Ghent and Brussels visit Bremen
© Daniel Schnier

Entstehungs-orte

zzZ

Spaces of Innovation

Respond

to the Contemporary Challenges of Urban Societies

antworten

auf aktuelle Herausforderungen von Stadtgesellschaften

216

ZWISCHENNUTZUNG IN DER PRAXIS

Von September 2012 bis Oktober 2016 war die ZZZ in elf Bremer Stadtteilen an der Umsetzung von Projekten beteiligt. Die Projekte unterscheiden sich in Dauer und Ausrichtung und bilden facettenreiche Beispiele für Zwischennutzungen ab. Das Ausmaß an Unterstützung durch die ZZZ reicht von der Initiierung der Projekte über die Unterstützung im Hintergrund bis zur Vermittlung von Kontakten.

TEMPORARY USE IN PRACTICE

The ZZZ participated in the implementation of projects in 11 districts of Bremen between September 2012 and October 2016. The projects differ in terms of their duration and orientation and represent multifaceted examples for temporary use projects. The extent of the support provided by the ZZZ ranges from the initiation of projects and assistance in the background to the facilitation of contacts.

Temporäre Projekte in Bremen zwischen 2012 und 2016

Von September 2012 bis Oktober 2016 war die ZZZ in elf Bremer Stadtteilen an der Umsetzung von Projekten beteiligt. Gemäß ihrem Vorgehen sowohl als Ermöglicherin als auch Initiatorin von Projekten ist die ZZZ in einigen Projekten die anstoßgebende und durchführende Konzeptschreiberin, in anderen aktive Mitorganisatorin oder Unterstützerin und Ratgeberin im Hintergrund gewesen. Die Projektsteckbriefe wurden zur besseren Übersicht den Kategorien Kulturell [k], Sozial [s], Ökonomisch [ö], Umweltbewusst [u], Informativ [i] und Funktional [f] zugeordnet. Dabei beschreiben die Zuschreibungen die Funktionen der einzelnen Zwischennutzungsprojekte. Viele der Projekte fallen in mehrere Kategorien, da sie sich nicht eindeutig nur in einem Schlagwort bezeichnen lassen und beispielsweise als Stadtteilprojekt eine Schnittstelle zwischen Kulturevent und Sozialengagement bilden. Zu den UmsetzerInnen gehörten Kreative, KünstlerInnen, UnternehmerInnen, freie Theatergruppen, gemeinnützige Vereine, Studierende, subkulturelle Netzwerke, interkulturelle Initiativen und viele mehr. Die Projektsteckbriefe beinhalten die ganze Vielfalt von Zwischennutzungsprojekten: Diese unterscheiden sich in der Nutzungsdauer sowie in den Auswirkungen auf den jeweils genutzten Raum: Raumbespielungen aktivierten Räume kurzfristig und machten sie sichtbar, mittelfristige Projekte aktivierten ganze Nachbarschaften und langfristige Projekte öffneten nachhaltig neue, vormals unbekannte Orte im Stadtraum. Viele der folgenden Projekte sind mittlerweile abgeschlossen und konnten mit dem Ablauf der temporären Nutzung nicht im gleichen Stil weitergeführt werden. Andere wiederum sind inzwischen verstetigt oder laufen in anderen Räumen erneut als Zwischennutzungen fort. In allen Fällen war die Zwischennutzung ein wichtiger (Zwischen-)Schritt innerhalb der jeweiligen Arbeit der NutzerInnen.

Temporary Projects in Bremen between 2012 and 2016

The ZZZ participated in the implementation of projects in 11 districts of Bremen between September 2012 and October 2016. In keeping with its approach both as an enabler and as an initiator of projects, in several cases the ZZZ was the initiating and performing author of concepts, in others it was an active co-organizer or supporter and advisor in the background. For a better overview, the project profiles have been assigned to the following categories: Cultural [k], Social [s], Economic [ö], Ecological [u], Informative [i] and Functional [f]. The assignments describe the functions of the individual temporary use projects. Many of the projects fall under several categories because they cannot be labeled with just one catchword; for example, a district project may constitute an interface between cultural events and social involvement. The implementers include members of the creative economy, artists, entrepreneurs, independent theater groups, nonprofit associations, students, subcultural networks, intercultural initiatives and many more. The project profiles convey the great diversity of temporary use projects.

These differ both in terms of their duration and their impact on the respective space being used: events activate spaces temporarily and made them visible, medium-term projects activate entire neighborhoods and long-term projects lastingly open up new, previously unknown sites in urban space. Many of the following projects have ended in the meantime and could not be pursued in the same style after the temporary use period had ended. Others, on the other hand, have become stable or continue in other spaces as temporary uses. In all cases, the temporary use was an important (intermediate) step within the scope of the project's own work.

EINE GROSSE VIELFALT – 57 AUSGEWÄHLTE ZWISCHENNUTZUNGSPROJEKTE IN BREMEN ZWISCHEN 2012 UND 2016

Great Diversity–57 Selected Temporary Use Projects in Bremen between 2012 and 2016

- ⊙ Zwischennutzungsprojekt
  Temporary Use Project

- ⊚ Ballung von Zwischennutzungsprojekten in räumlicher Nähe
  Spatial Concentration of Temporary Use Projects

LLOYDHOF [232]
NOON [234]
WEDDERBRUUK [235]
VELOMEISTER [236]
VOR ORT [237]
NONESSENTIALS [238]
BEMERKENSWERT! [239]
KTL FASHION'S [241]
FREIGEIST [242]
KAMPAGNENHAUPTQUARTIER [243]
2050 DEIN KLIMAMARKT [244]
SALE GALLERY [245]
THEATER IM SOZIALEN [247]
REPAIR-CAFÉ [248]
AFRIKANISCH-DEUTSCHER KONGRESS [249]
STAY WITH ME [250]
BLO-OPEN-AIR [251]
ABITURPROJEKT [252]

GOLDENBURG [256]
ZZZ ALS LOCATIONSCOUT [278]

WALLER MITTE [277]
DAS FEUCHTE HAUS [284]
UNTERSEEDORF [267]
WIEDERGEBRAUCHTER TAG [231]
FIND THE GAP! [258]

OCHTUM! OCHTUM!
HIER SPRICHT DIE POLIZEI! [269]

LA STRADA [286]

AUSSERHALB [289]

HAUL [263]

AB GEHT DIE LUCIE! [272]
KUKOON [274]

PROBERAUM [281]

CORPUS – RAUM ZWISCHEN ERINNERUNG [266]

PFLEGER UND SAMMLER [254]

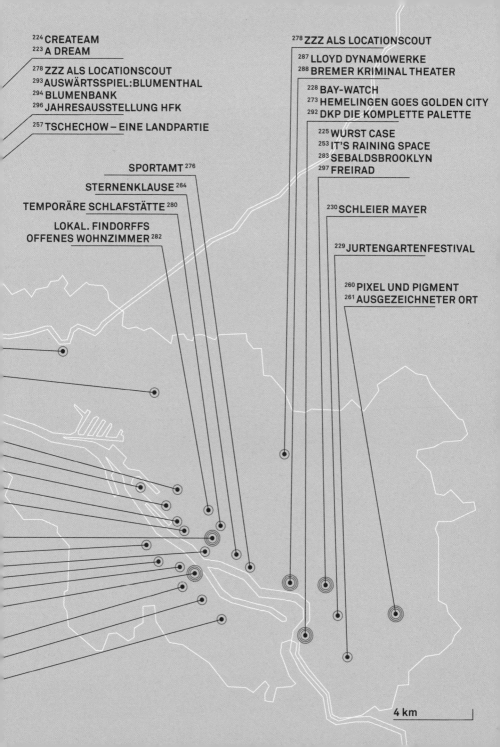

A dream: Mural Art Project 2014 with SatOne, Wow123, Roid © Daniel Schnier

A DREAM

In einer Sozialbausiedlung in Bremen-Lüssum gestaltete Markus Genesius (WOW123) gemeinsam mit internationalen KünstlerInnen, SchülerInnen einer Klasse der Oberschule In den Sandwehen, 30 QuartiersbewohnerInnen sowie dem CREATEAM ein überdimensionales Fassadengemälde (300 Quadratmeter). Die lokale sowie internationale Berichterstattung sorgte für eine positive Darstellung des Quartiers über die Stadtteilgrenzen hinaus.

In collaboration with international artists, a group of students from the secondary school In den Sandwehen, 30 local residents and the CREATEAM, Markus Genesius (WOW123) designed a monumental mural (300 m²) in a housing project in the Lüssum district of Bremen. Local as well as international coverage contributed to a positive image of the neighborhood beyond its borders.

Ort *Site* Lüssumer Heide 36, 28777 Bremen-Lüssum
Zeitraum *Time Frame* 8.7.2014 bis *to* 25.10.2014
Organisation *Organization* ZZZ, Markus Genesius (WOW123), Haus der Zukunft e.V., CreaTeam, BBG (Vitus-Gruppe)
EigentümerIn *Owner* Privat: BBG Beamten-Baugesellschaft Bremen GmbH, in Besitz der Vitus-Gruppe, heute: Vonovia SE *Private: BBG Beamten-Baugesellschaft Bremen GmbH, owned by the Vitus-Gruppe, today: Vonovia SE*
ZZZ-Einsatz *ZZZ Workload* Gespräche mit der Eigentümerin, Haus der Zukunft e.V., Quartiersmanagement Lüssum-Bockhorn, Ortsbesichtigung mit den KünstlerInnen, Teilnahme am WiN-Forum (Soziale Stadt), Unterstützung bei der Finanzierung und Einwerbung externer Mittel (3 000 € ZZZ-Projektmittel), Pressearbeit *Discussions with the owner, Haus der Zukunft e.V., Quartiersmanagement Lüssum-Bockhorn; local inspection with the artists; participation in the WiN-Forum (Soziale Stadt); assistance with financing and attracting external funds (€ 3 000 in ZZZ project resources); public relations*

[k]   [s]   [ ]   [ ]   [ ]   [ ]

CREATEAM

Eine leer stehende Dreizimmerwohnung in Bremen-Lüssum wurde zum Atelier umgenutzt. Vier KünstlerInnen und TeilnehmerInnen bilden das CREATEAM, welches seither das Quartier Lüssum mit regelmäßigen Kunstkursen belebt und für alle geöffnet ist.

A vacant three-room apartment in the Lüssum district of Bremen was repurposed into a studio. The CREATEAM consists of four artists and participants who have since enlivened Lüssum with regular art courses; the studio is open to everyone.

Ort *Site* Lüssumer Heide 7, 28777 Bremen-Lüssum
Zeitraum *Time Frame* Seit *Since* 15.6.2013
Organisation *Organization* Haus der Zukunft e.V., CreaTeam, BBG, WiN, ZZZ
EigentümerIn *Owner* Privat: BBG Beamten-Baugesellschaft Bremen GmbH, in Besitz der Vitus-Gruppe, heute: Vonovia SE *Private: BBG Beamten-Baugesellschaft Bremen GmbH, owned by the Vitus-Gruppe, today: Vonovia SE*
ZZZ-Einsatz *ZZZ Workload* Termine mit KünstlerInnen, Haus der Zukunft e.V., BBG, Quartiersmanagement Lüssum-Bockhorn, CreaTeam, Eröffnung mit Musik, Theater und Kunst
Appointments with artists, Haus der Zukunft e.V., BBG, Quartiersmanagement Lüssum-Bockhorn, CreaTeam; opening with music, theater and art
Web *Web* http://www.haus-der-zukunft-bremen.de/index.php/kultur/createam-atelier

[k]   [s]   [ ]   [ ]   [ ]   [ ]

WURST CASE

Das vierstöckige Verwaltungsgebäude der ehemaligen Könecke Wurstwarenfabrik GmbH & Co. KG wird von der AAA GmbH angemietet und kleinteilig untervermietet. 55 NutzerInnen (3D-DruckerInnen, GestalterInnen, Elektro-IngenieurInnen, DesignerInnen, FilmerInnen, MusikerInnen, PuppenbauerInnen, TaschenmacherInnen, SchokoladenherstellerInnen, KaffeemacherInnen, MalerInnen, ArchitektInnen, GrafikerInnen etc.) bilden die kreative Gemeinschaft im WURST CASE.

The four-story administrative building of the former sausage factory Könecke Wurstwarenfabrik GmbH & Co. KG was rented by AAA GmbH, who sublet spaces to 55 new users. The creative collective WURST CASE consists of 3-D printers, designers, electrical engineers, chocolate manufacturers, coffee brewers, painters, architects, graphic artists, etc.

Ort *Site* Zum Sebaldsbrücker Bahnhof 1, 28309 Bremen-Hemelingen
Zeitraum *Time Frame* Seit *Since* 1.4.2015
Organisation *Organization* AAA GmbH, ZZZ
EigentümerIn *Owner* Privat *Private*: Könecke Wurstwarenfabrikation GmbH & Co. KG
ZZZ-Einsatz *ZZZ Workload* Verhandlungen mit dem Eigentümer, Rücksprachen mit der Wirtschaftsförderung Bremen, Gespräche mit potenziellen NutzerInnen, Organisation von Besichtigungsterminen, Veranstaltungen und Workshops; Aufbau von Kontakt zu KooperationspartnerInnen und Institutionen im Stadtteil Hemelingen; Verwaltung des Objekts; Suche und Vernetzung der NutzerInnen; Verwaltung des Gebäudes; Verankerung im Stadtteil, Pressearbeit, Homepage und Social-Media-Aufbau (facebook)
Negotiations with the owner, consultations with Bremen's office for economic development, discussions with potential users; organization of site inspections, events and workshops; establishment of contact with cooperation partners and institutions in the district of Hemelingen; administration of the object; search for and networking of users; management of the building; incorporation into the district; public relations, homepage and social media set-up (facebook)
Web *Web* http://www.wurstcase-hemelingen.de

**Auszeichnung 2016
im Sonderpreis Deutscher Städtebaupreis
der deutschen Akademie für Städtebau
und Landesplanung e.V.**
Award 2016–Special recognition within the scope of the German Urban Planning Award by the German Academy for Urban and Regional Planning

[k]   [s]   [ö]   [ ]   [ ]   [ ]

Karmatransforming in der ehemaligen Wurstwarenfabrik »Alles hat ein Ende, nur die Wurst hat zwei« Karma transforming in the former sausage factory "All good things come to an end" © Daniel Schnier

BAY-WATCH

Auf einer Brachfläche im Hemelinger Hafen wurde ein fester Anlaufpunkt für kulturelle, ökologische und soziale Zwecke geschaffen. BAY-WATCH wird von fünf Personen (Kurator, Organisator, ProjektmitarbeiterInnen) sowie wechselnden internationalen Artists in Residence bespielt. Das Projekt versteht sich als subkulturelle Experimentierfläche und ist vernetzt mit weiteren Projekten im Stadtteil. In den Sommermonaten locken die Veranstaltungen viele BesucherInnen aus dem Stadtteil und der gesamten Stadt an.

A venue for cultural, ecological and social purposes was created on a brownfield in the port of Hemelingen. BAY-WATCH is used by five individuals (curator, organizer, project staff) as well as alternating international artists in residence. The project sees itself as a space for subcultural experiments and is networked with other projects in the district. In the summer months, the events attract numerous visitors from the local neighborhood and all of Bremen.

Ort *Site* Werrahafen, Arberger Hafendamm 17, 28309 Bremen-Hemelingen
Zeitraum *Time Frame* 1.7.2014 bis ff. mit neuem Trägerverein
From 1.7.2014 until indefinitely with a new support association
Organisation *Organization* André Sassenroth, ZZZ
EigentümerIn *Owner* Städtisch *Municipal*: bremenports GmbH & Co. KG
ZZZ-Einsatz *ZZZ Workload* Besprechung mit den Projektverantwortlichen und dem Eigentümer; gemeinsame Vorstellung des Projekts im Beirat Hemelingen, Unterstützung mit 4 500 € Sachmitteln der ZZZ; Betreuung bei der Akquise von weiteren Mitteln (2 500 € Beirat Hemelingen und 6 000 € Senator für Kultur) und Hilfestellung bei der Abrechnung und bei der Vermittlung von Kontakten zu weiteren NutzerInnen; Absprache mit dem Bauamt (Gestattung, Genehmigung, Sonderbauten); Pressearbeit
Discussions with those responsible for the project and the owner; joint presentation of the project to the Hemelingen Advisory Council; provision of €4 500 in non-monetary resources by the ZZZ; supervision of the acquisition of further funding (€2 500 from the Hemelingen Advisory Council and €6 000 from the Senator of Culture) and assistance with accounting and with making contacts with additional users; arrangements with the building authority (permission, permit, special constructions); public relations
Web *Web* http://www.bay-watch.de

[k]   [s]   [ ]   [u]   [i]   [ ]

JURTENGARTEN-FESTIVAL

Der Jurtengarten war ein Projekt, in dem Geflüchtete und BürgerInnen aus dem ganzen Stadtgebiet gemeinsam am Übergangswohnheim Arbergen eine Jurte bauten. An dem Projekt nahmen täglich 20–30 BesucherInnen teil, die fertige Jurte wurde im Rahmen eines großen Abschlussfestes eingeweiht und wird weiterhin kontinuierlich als Veranstaltungsort genutzt. Aus dem Projekt entwickelte sich ein Folgeauftrag für eine weitere Jurte.

The Jurtengarten was a project in which refugees and citizens from throughout the region worked together to build a yurt at the transitional hostel in Arbergen. Between 20 and 30 visitors a day participated in the project; the completed yurt was inaugurated within the scope of a large-scale closing event and continues to be used on a regular basis as a venue. The project resulted in a follow-up order for a further yurt.

Ort *Site* Übergangswohnheim Arbergen, Hemelinger Heerstraße 1, 28309 Bremen-Arbergen
Zeitraum *Time Frame* 5.9.2015 bis 20.9.2015, Laufzeit des Festivals *5.9.2015 to 20.9.2015, duration of the festival*
Organisation *Organization* Oliver Schmid, Marie Pauline Beneke, Mirjam und Matthias Zillmer
EigentümerIn *Owner* Städtisch: AWO Arbeiterwohlfahrt Bremen als Auftragnehmerin der Stadt Bremen *Municipal: AWO Worker's Welfare Association Bremen as the contractor for the City of Bremen*
ZZZ-Einsatz *ZZZ Workload* Gespräche mit den InitiatorInnen des Projekts; Unterstützung bei der Finanzplanerstellung (Drittmittel aus dem Beirat Hemelingen und der Bürgerstiftung Bremen); Unterstützung mit 1 800 € ZZZ-Projektmitteln; Entwicklung von Zukunftsideen; Einlagerung der Jurte
Discussions with the initiators of the project; assistance with the preparation of a financial plan (third-party funding from the Hemelingen Advisory Council and the Bremen Community Foundation); funding with € 1 800 in ZZZ project resources; development of ideas for the future; storage of the yurt
Web *Web* http://www.jurtenwesen.de

[k]   [s]   [ ]   [u]   [ ]   [ ]

SCHLEIER MAYER

Im WURST CASE, dem ehemaligen Verwaltungsgebäude einer Wurstwarenfabrikation, erarbeitete das Theatersyndikat »Gefährliche Liebschaften« das Projekt SCHLEIER MAYER als Auseinandersetzung mit dem Thema Verschleierung. In Workshops wurde genäht, ausprobiert und diskutiert. Ein mobiler Shop tauchte danach an drei verschiedenen Stellen im öffentlichen Raum auf und sammelte Reaktionen der Laufkundschaft zum Thema Verschleierung. Aus diesen entstand ein Theaterstück, das die Eindrücke und Erkenntnisse der Recherche im öffentlichen Raum verarbeitete.

The theater syndicate "Gefährliche Liebschaften" developed the project SCHLEIER MAYER in WURST CASE, the former administrative building of a sausage factory, to examine the issue of veils. Workshops took place in which participants could sew, experiment and talk with others. Afterwards, a mobile shop turned up at three different places in public space and collected reactions from walk-in customers on the subject of veils. This resulted in a play that dealt with the impressions and insights gained within the scope of inquiries in public space.

Ort *Site* Wurst Case, Zum Sebaldsbrücker Bahnhof 1, 28309 Bremen-Hemelingen; später öffentliche Plätze in Hemelingen, in Bremen-Neustadt und der Innenstadt sowie Theateraufführung im Schlachthoftheater *Wurst Case, Zum Sebaldsbrücker Bahnhof 1, 28309 Bremen-Hemelingen; later public spaces in Hemelingen, Bremen-Neustadt; and downtown Bremen as well as a performance at the Schlachthof Theater*
Zeitraum *Time Frame* 7.9.2015 bis to 15.11.2015
Organisation *Organization* Syndikat Gefährliche Liebschaften *Syndicate Gefährliche Liebschaften*
EigentümerIn *Owner* Privat *Private*: Könecke Wurstwarenfabrikation GmbH & Co.KG
Städtisch: ASV Amt für Straßen und Verkehr *Municipal: ASV Road and Transportation Office*
ZZZ-Einsatz *ZZZ Workload* Gespräche in der Vorphase des Projekts und intensive Suche nach möglichen Ladenleerständen für das Projekt im Ortsteil Hemelingen; Ermöglichung der Nutzung des Showrooms im Wurst Case als Basisstation; Unterstützung mit 3000 € ZZZ-Projektmitteln
Discussions in the preliminary phase of the project and an intense search for possible vacant shops for the project in the district of Hemelingen; facilitation of the use of the showroom in Wurst Case as a base station; funding with € 3000 in ZZZ project resources
Web *Web* http://www.gefaehrliche-liebschaften.de

[k]   [ ]   [ ]   [ ]   [ ]   [ ]

WIEDERGEBRAUCHTER TAG

Der WIEDERGEBRAUCHTE TAG rückte die Wiedernutzung alter Gebäude, alter Baustoffe, Lebensmittel und Wörter in den Mittelpunkt. Er fand in Kooperation mit der temporären Hafenbar Golden City in der Bremer Überseestadt statt. An der Veranstaltung nahmen circa 100 Personen teil. Mit der Unterstützung des WIEDERGEBRAUCHTEN TAGS wurde auch die Realisierung der temporären Hafenbar Golden City vorangebracht.

The WIEDERGEBRAUCHTER TAG (Use-Again Day) put the focus on the reuse of old buildings, old building materials, foodstuffs and words. It took place in Bremen's Überseestadt in cooperation with the temporary port bar Golden City. About 100 people took part in the event. Supporting the WIEDERGEBRAUCHTER TAG also promoted the realization of the temporary port bar Golden City.

Ort *Site* Europahafenkopf, 28217 Bremen-Überseestadt
Zeitraum *Time Frame* 15.6.2013 bis *to* 19.9.2013
Organisation *Organization* Stadtkultur UG, ZZZ
EigentümerIn *Owner* Städtisch: WFB Wirtschaftsförderung Bremen
Municipal: WFB Bremen Office for Economic Development
ZZZ-Einsatz *ZZZ Workload* drei Planungstreffen, um den Wiedergebrauchten Tag zu planen; Kontaktaufnahme zu den weiteren TeilnehmerInnen; Vorbereitung der eigenen Aktivitäten; Durchführung eines Urbanen Spaziergangs zur Wiedernutzung alter Gebäude; Unterstützung mit 2 000 € ZZZ-Projektmitteln
Three meetings to plan the Wiedergebrauchter Tag; contact with the other participants; preparation of separate activities; carrying out of an urban walk for the reuse of old buildings; funding with € 2 000 in ZZZ project resources
Web *Web* http://www.goldencity-bremen.de/

[k]   [ ]   [ö]   [u]   [ ]   [ ]

LLOYDHOF

Die Ladeneinheiten und Freiflächen in der ehemaligen Einkaufspassage LLOYDHOF standen jahrelang leer. Ab März 2013 vermittelte die ZZZ zahlreiche ProjektorganisatorInnen als ZwischennutzerInnen in den Leerstand. Es entstanden ein Coworking-Space und ein Sozialkaufhaus, diverse Ausstellungen wurden gezeigt, ein Café etablierte sich, DIY-Projekte wurden umgesetzt und GründerInnen erprobten ihre Geschäftsideen. Aktuell setzt die Stadt Bremen in Kooperation mit der Wirtschaftsförderung Bremen und der CityInitiative das Format CITYLAB um. Drei der durch die ZZZ vermittelten Projekte, bestehen dort bis heute.

The retail units and open areas in the former LLOYDHOF shopping arcade were empty for many years. Beginning in March 2013, the ZZZ found numerous project organizers as temporary users for the vacancies. A coworking space and a thrift shop developed, various exhibitions were presented, and a café was set up, DIY projects were implemented and founders tested their business ideas. The City of Bremen is currently implementing the CITYLAB format in cooperation with the Bremen Office for Economic Development (WFB) and the CityInitiative. Three of the projects negotiated by the ZZZ are still active there.

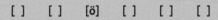

Ort *Site* Lloydhof, Hanseatenhof 9, 28195 Bremen-Mitte
Zeitraum *Time Frame* Seit 1.3.2013; seit 1.4.2016 als citylab *Since 1.3.2013; since 1.4.2016 as citylab*
Organisation *Organization* ZZZ, seit April 2016 CityInitiative und WFB
ZZZ, since April 2016 CityInitiative and the WFB
EigentümerIn *Owner* Städtisch *Municipal*: Objektgesellschaft Ansgaritor Grundstücksverwaltungs GmbH
ZZZ-Einsatz *ZZZ Workload* Abstimmung mit den beteiligten TrägerInnen (WFB, CityInitiative Bremen Werbung e.V., Objektgesellschaft Ansgaritor Grundstücksverwaltungs-GmbH) in der Umsetzung der Zwischennutzung im Lloydhof; Erarbeitung von Schwerpunkten im Bereich DIY, Regionalität und Nachhaltigkeit für die Zwischennutzung; Konzepterstellung; Bewerbung der nutzbaren Räume; bundesweite Pressearbeit in allen Medienformen
Coordination with the participating sponsors (WFB, CityInitiative Bremen Werbung e.V., Objektgesellschaft Ansgaritor Grundstücksverwaltungs-GmbH) in the implementation of temporary use in the Lloydhof; development of priorities in the area of DIY, regionality and sustainability for temporary use; development of a concept; promotion of the usable spaces; national public relations in various media

[ ]   [ ]   [ö]   [ ]   [ ]   [ ]

Leerstehender Lloydhof
The vacant Lloydhof © Daniel Schnier

NOON

Das NOON etablierte sich in einem Ladenlokal in der leer stehenden Einkaufspassage LLOYDHOF als Coworking-Space. Nach knapp einem Jahr zog das NOON auf Wunsch des Theaters Bremen ins Foyer Kleines Haus und ist aktuell einer der Hotspots der Kultur- und Kreativwirtschaft. In einer Zwischennutzung erprobt, ist das NOON inzwischen ein Betrieb mit mehreren Festangestellten.

The NOON was set up in a shop in the vacant LLOYDHOF shopping arcade as a coworking space. After almost a year, by request of the Theater Bremen the NOON moved into the foyer Kleines Haus and is currently one of the cultural and creative economy's hotspots. Tested in a temporary use, the NOON is meanwhile an enterprise with several permanent employees.

Ort *Site* Lloydhof, Hanseatenhof 9, 28195 Bremen-Mitte
Zeitraum *Time Frame* 22.6.2013 bis *to* 31.8.2014
Organisation *Organization* Anfänglich zwei NutzerInnen plus Angestellte *Initially two users plus staff*
EigentümerIn *Owner* Städtisch *Municipal*: Objektgesellschaft Ansgaritor Grundstücksverwaltungs-GmbH
ZZZ-Einsatz *ZZZ Workload* Abstimmungstreffen mit der WFB und der CityInitiative zur Zwischennutzung des Lloydhofs; Treffen mit den NutzerInnen; Klärung der Konditionen, fortlaufend regelmäßige Treffen; Unterstützung mit 500 € ZZZ-Projektmitteln
Coordination meetings with the WFB and the CityInitiative on the temporary use of the Lloydhof; meetings with the users; clarification of the conditions; ongoing regular meetings; funding with € 500 in ZZZ project resources
Web *Web* http://www.noon.is

[k] [ ] [ö] [ ] [ ] [ ]

WEDDERBRUUK

In einer Ladeneinheit in der leer stehenden Einkaufspassage LLOYDHOF etablierte sich WEDDERBRUUK als selbstständiges Unternehmen im Bereich des Recyclings und Upcyclings von alten Möbeln und Gebrauchsgegenständen der 1960er und 1970er Jahre. Drei Stellen werden so finanziert und die laufenden Kosten im LLOYDHOF werden übernommen.

WEDDERBRUUK set itself up in a retail unit in the vacant LLOYDHOF shopping arcade as an independent enterprise in the area of the recycling and upcycling of old furniture and utility objects from the 1960s and '70s. Thus three jobs were financed and the running costs in the LLOYDHOF were taken over.

Ort *Site* Lloydhof, Am Wegesende 22, 28195 Bremen-Mitte
Zeitraum *Time Frame* Seit *Since* 4.5.2013
Organisation *Organization* Vier NutzerInnen plus gelegentliche PraktikantInnen *Four users plus occasional trainees*
EigentümerIn *Owner* Städtisch *Municipal*: Objektgesellschaft Ansgaritor Grundstücksverwaltungs-GmbH
ZZZ-Einsatz *ZZZ Workload* Abstimmungstreffen mit der WFB und der CityInitiative zur Zwischennutzung des Lloydhofs; Treffen mit den NutzerInnen; Klärung der Konditionen, regelmäßige weitere Treffen
Coordination meetings with the WFB and the CityInitiative on the temporary use of the Lloydhof; meetings with the users; clarification of the conditions; ongoing regular meetings
Web *Web* http://www.wedderbruuk.de

[ ]   [ ]   [ö]   [ ]   [ ]   [ ]

VELOMEISTER

In einem Ladenlokal in der leer stehenden Einkaufspassage LLOYDHOF eröffnete eine Fahrradwerkstatt mit Ladenfläche. Seit November 2014 ist der VELOMEISTER nun in Hamburg aktiv und hat sich aus dem Bremer Geschäft verabschiedet.

A bicycle workshop with a sales area opened in a space in the vacant LLOYDHOF shopping arcade. VELOMEISTER has been active in Hamburg since 2014 and closed its business in Bremen.

Velomeister

Ort *Site* Lloydhof, Hanseatenhof 9, 28195 Bremen-Mitte
Zeitraum *Time Frame* 15.6.2014 bis *to* 1.11.2014
Organisation *Organization* Ein Nutzer plus ein Lehrling *One user plus one apprentice*
EigentümerIn *Owner* Städtisch *Municipal*: Objektgesellschaft Ansgaritor Grundstücksverwaltungs-GmbH
ZZZ-Einsatz *ZZZ Workload* Abstimmungstreffen mit der WFB und der CityInitiative zur Zwischennutzung des Lloydhofs; Treffen mit den NutzerInnen; Klärung der Konditionen; regelmäßige weitere Treffen *Coordination meetings with the WFB and the CityInitiative on the temporary use of the Lloydhof; meetings with the users; clarification of the conditions; ongoing regular meetings*
Web *Web* https://www.facebook.com/mietvelo

[ ]   [ ]   [ö]   [ ]   [ ]

VOR ORT

Das Vertriebsbüro VOR ORT der bundesweit ausgezeichneten Bremer Zeitschrift der Straße eröffnete seine feste Anlaufstelle in einem Ladenlokal in der leer stehenden Einkaufspassage LLOYDHOF. Hier fanden die Redaktionssitzungen statt und die VerkäuferInnen der Zeitschrift hatten eine zentral gelegene Kontaktstelle.

The selling agency VOR ORT of Bremen's Zeitschrift der Straße, renowned nationwide, opened a contact point in a retail unit in the vacant LLOYDHOF shopping arcade where editorial meetings took place and the magazine's vendors had a central contact point.

Ort *Site* Lloydhof, Hanseatenhof 9, 28195 Bremen-Mitte
Zeitraum *Time Frame* 5.1.2014 bis *to* 31.12.2014
Organisation *Organization* 3 bis 4 Mitglieder der Redaktion *3 to 4 members of the editorial team*
EigentümerIn *Owner* Städtisch *Municipal*: Objektgesellschaft Ansgaritor Grundstücksverwaltungs-GmbH
ZZZ-Einsatz *ZZZ Workload* Abstimmungstreffen mit der WFB und der CityInitiative zur Zwischennutzung des Lloydhofs; Treffen mit den NutzerInnen; Klärung der Konditionen
Coordination meetings with the WFB and the CityInitiative on the temporary use of the Lloydhof; meetings with the users; clarification of the conditions
Web *Web* http://www.zeitschrift-der-strasse.de

[ ]   [s]   [ ]   [ ]   [ ]   [ ]

NONESSENTIALS

Die Designagentur NONESSENTIALS richtete sich in einem Ladenlokal in der leer stehenden Einkaufspassage LLOYDHOF ein. Hier arbeitete man mit Laser-Cutter und 3D-Drucker und neben der Ladennutzung diente der Ladenraum auch als Anlaufpunkt für ProgrammiererInnen und TüftlerInnen in Bremen.

The design agency NONESSENTIALS set itself up in a retail unit in the vacant LLOYDHOF shopping arcade. Work was performed with a laser cutter and a 3-D printer. Besides shop use, the space also served as a contact point for programmers and tinkerers in Bremen.

Ort *Site* Lloydhof, Hanseatenhof 9, 28195 Bremen-Mitte
Zeitraum *Time Frame* 1.5.2013 bis *to* 31.3.2015
Organisation *Organization* HfK-Absolvent, Designer *Graduate of the University of the Arts Bremen, designers*
EigentümerIn *Owner* Städtisch *Municipal*: Objektgesellschaft Ansgaritor Grundstücksverwaltungs-GmbH
ZZZ-Einsatz *ZZZ Workload* Abstimmungstreffen mit der WFB und der CityInitiative zur Zwischennutzung des Lloydhofs; Treffen mit den NutzerInnen; Klärung der Konditionen; regelmäßige weitere Treffen *Coordination meetings with the WFB and the CityInitiative on the temporary use of the Lloydhof; meetings with the users; clarification of the conditions; ongoing regular meetings*
Web *Web* http://www.nonessentials.org

[ ]   [ ]   [ö]   [ ]   [ ]   [ ]

BEMERKENSWERT!

In einer Ladeneinheit in der leer stehenden Einkaufspassage LLOYDHOF eröffnete ein Zusammenschluss sozialer Träger ein Fairkaufhaus, um in der Bremer Innenstadt ein bezahlbares Angebot an Kleidung und Gebrauchsgegenständen zu schaffen. Gleichzeitig besteht die Möglichkeit zur Qualifizierung von Langzeitarbeitslosen.

An association of social sponsors opened a fair department store in a retail unit in the vacant LLOYDHOF shopping arcade for the purpose of providing an affordable range of clothing and utility objects in downtown Bremen. At the same time, it enabled the qualification of long-term unemployed individuals.

Ort *Site* Lloydhof, Hanseatenhof 9, 28195 Bremen-Mitte
Zeitraum *Time Frame* 31.8.2013 bis 31.3.2015, im April 2015 Umzug in die Bahnhofsvorstadt *31.8.2013 to 31.3.2015; relocation to the Bahnhofsvorstadt in April 2015*
Organisation *Organization* Allmende / ProJob als Mieter, Verein für Innere Mission in Bremen *Allmende / ProJob as tenant, Verein für Innere Mission in Bremen*
EigentümerIn *Owner* Städtisch *Municipal*: Objektgesellschaft Ansgaritor Grundstücksverwaltungs-GmbH
ZZZ-Einsatz *ZZZ Workload* Abstimmungstreffen mit der WFB und der CityInitiative zur Zwischennutzung des Lloydhofs; Treffen mit den NutzerInnen; Klärung der Konditionen; regelmäßige weitere Treffen *Coordination meetings with the WFB and the CityInitiative on the temporary use of the Lloydhof; meetings with the users; clarification of the conditions; ongoing regular meetings*
Web *Web* http://www.inneremission-bremen.de/ueber_uns/soziales/fairkaufhaus_bemerkenswert/

[ ]   [s]   [ö]   [ ]   [ ]   [ ]

KTL Fashion's Boutique: KleiderTauschenLeute
KTL Fashion's Boutique: ClothesChangePeople © Steffen Fietz

KTL FASHION'S

Kleider tauschen Leute: In einer Ladeneinheit in der leer stehenden Einkaufspassage LLOYDHOF wurde ein Bekleidungsgeschäft mit besonderem Konzept eröffnet: Bei KTL FASHION'S wurden in sechs Wochen über 17 500 Kleidungsstücke getauscht. Die Idee erfuhr in Verbindung mit anderen Veranstaltungen und Formaten bundesweite Aufmerksamkeit.

Clothes Exchange People: A clothing store with a special concept opened in a retail unit in the vacant LLOYDHOF shopping arcade: more than 17 500 articles of clothing were exchanged over the course of six weeks at KTL FASHION'S. The idea received nationwide attention in conjunction with other events and formats.

Ort *Site* Lloydhof, Hanseatenhof 9, 28195 Bremen-Mitte
Zeitraum *Time Frame* 2.4.2013 bis *to* 15.5.2013
Organisation *Organization* Percy und Komplizen e.V., 5 bis 10 Personen *Percy und Komplizen e.V. (5 to 10 individuals)*
EigentümerIn *Owner* Städtisch *Municipal*: Objektgesellschaft Ansgaritor Grundstücksverwaltungs-GmbH
ZZZ-Einsatz *ZZZ Workload* Abstimmungstreffen mit der WFB und der CityInitiative zur Zwischennutzung des Lloydhofs; Treffen mit den NutzerInnen; Klärung der Konditionen
Coordination meetings with the WFB and the CityInitiative on the temporary use of the Lloydhof; meetings with the users; clarification of the conditions
Web *Web* http://www.ktl.blogger.de

[ ]   [s]   [ ]   [ ]   [ ]   [ ]

FREIGEIST

Das Bremer Start-up FREIGEIST, welches Softdrinks herstellt und vertreibt, erprobte seine Geschäftsidee in einer Ladeneinheit in der leer stehenden Einkaufspassage LLOYDHOF. Das Bremer Produkt wird erfolgreich bundesweit verkauft.

The Bremen-based start-up FREIGEIST, which produces and distributes soft drinks, tested its business idea in a retail unit in the vacant LLOYDHOF shopping arcade. The product from Bremen is sold successfully nationwide.

Freigesit

Ort *Site* Lloydhof, Hanseatenhof 9, 28195 Bremen-Mitte
Zeitraum *Time Frame* Seit *Since* 17.11.2014
Organisation *Organization* Freigeist (dreiköpfiges Gründungsteam), mittlerweile UrbanOwl GmbH
Freigeist (three-member founding team), meanwhile UrbanOwl GmbH
EigentümerIn *Owner* Städtisch *Municipal*: Objektgesellschaft Ansgaritor Grundstücksverwaltungs-GmbH
ZZZ-Einsatz *ZZZ Workload* Abstimmungstreffen mit der WFB und der CityInitiative zur Zwischennutzung des Lloydhofs; Treffen mit den NutzerInnen; Klärung der Konditionen; regelmäßige weitere Treffen
Coordination meetings with the WFB and the CityInitiative on the temporary use of the Lloydhof; meetings with the users; clarification of the conditions; ongoing regular meetings
Web *Web* http://www.freigeist-drink.com

[ ]   [ ]   [ö]   [ ]   [ ]   [ ]

KAMPAGNENHAUPTQUARTIER

In einer Ladeneinheit in der leer stehenden Einkaufspassage LLOYDHOF eröffnete der Bremer Landesverband der »Partei« anlässlich der Bürgerschaftswahl seine Wahlkampfzentrale, das KAMPAGNENHAUPTQUARTIER.

The Bremen state association of the "Partei" opened their KAMPAGNENHAUPTQUARTIER (campaign headquarters) in a retail unit in the vacant LLOYDHOF shopping arcade on the occasion of the state elections.

Ort *Site* Lloydhof, Hanseatenhof 9, 28195 Bremen-Mitte
Zeitraum *Time Frame* Seit *Since* 12.4.2015
Organisation *Organization* Die PARTEI, Landesverband Bremen, mit Herrn Marco Manfredini
EigentümerIn *Owner* Städtisch *Municipal*: Objektgesellschaft Ansgaritor Grundstücksverwaltungs-GmbH
ZZZ-Einsatz *ZZZ Workload* Abstimmungstreffen mit der WFB und der CityInitiative zur Zwischennutzung des Lloydhofs; Treffen mit den NutzerInnen; Klärung der Konditionen; regelmäßige weitere Treffen
Coordination meetings with the WFB and the CityInitiative on the temporary use of the Lloydhof; meetings with the users; clarification of the conditions; ongoing regular meetings
Web *Web* http://www.partei-bremen.de

[ ]   [s]   [ ]   [ ]   [ ]   [ ]

2050 DEIN KLIMAMARKT

In einer Ladeneinheit in der leer stehenden Einkaufspassage LLOYDHOF startete die gemeinnützige Klimaschutzagentur Bremer Energie-Konsens GmbH den Auftakt zu einer Reihe von Pop-Up-Stores zu Themen der Nachhaltigkeit und des Energiesparens in diversen Bremer Stadtteilen. Der KLIMAMARKT offerierte verständliche Informationen zum Thema Klimaschutz.

In a retail unit in the vacant LLOYDHOF shopping arcade, the nonprofit climate protection agency Bremer Energie-Konsens GmbH launched a series of pop-up stores dealing with the issues of sustainability and saving energy in various districts of Bremen. The KLIMAMARKT offered easy-to-understand information about climate protection.

Ort *Site* Lloydhof, Hanseatenhof 9, 28195 Bremen-Mitte
Zeitraum *Time Frame* 12.3.2013 bis *to* 24.4.2013
Organisation *Organization* Bremer Energie-Konsens GmbH
EigentümerIn *Owner* Städtisch *Municipal*: Objektgesellschaft Ansgaritor Grundstücksverwaltungs-GmbH
ZZZ-Einsatz *ZZZ Workload* Abstimmungstreffen mit der WFB und der CityInitiative zur Zwischennutzung des Lloydhofs; Treffen mit den NutzerInnen; Klärung der Konditionen
Coordination meetings with the WFB and the CityInitiative on the temporary use of the Lloydhof; meetings with the users; clarification of the conditions
Web *Web* http://www.zzz-bremen.de/2050-dein-klimamarkt-im-lloydhof/

[k]   [ ]   [ ]   [ ]   [ ]   [ ]

SALE GALLERY

In einer Ladeneinheit in der leer stehenden Einkaufspassage LLOYDHOF entstand mit der SALE GALLERY ein kreativer Ort, in dem produziert, vermittelt und verkauft wurde. Es konnte vor Ort beobachtet werden, wie Bilder entstehen, gleichzeitig wurden die schon fertiggestellten Werke ausgestellt. In der SALE GALLERY wurden eigene Arbeiten sowie ausgewählte Werke von weiteren KünstlerInnen gezeigt und in Kommission zum Verkauf angeboten.

With the SALE GALLERY, a creative site was set up in a retail unit in the vacant LLOYDHOF shopping arcade where works were produced, dealt and sold. People could observe how pictures are produced, and competed works were presented at the same time. The artists in the SALE GALLERY displayed their own works as well as selected works by other artists, which they sold on commission.

Ort *Site* Lloydhof, Hanseatenhof 9, 28195 Bremen-Mitte
Zeitraum *Time Frame* 1.12.2014 bis *to* 31.3.2015
Organisation *Organization* Zwei Künstler *Two artists*
EigentümerIn *Owner* Städtisch *Municipal*: Objektgesellschaft Ansgaritor Grundstücksverwaltungs-GmbH
ZZZ-Einsatz *ZZZ Workload* Abstimmungstreffen mit der WFB und der CityInitiative zur Zwischennutzung des Lloydhofs; Treffen mit den NutzerInnen; Klärung der Konditionen; regelmäßige weitere Treffen
Coordination meetings with the WFB and the CityInitiative on the temporary use of the Lloydhof; meetings with the users; clarification of the conditions; ongoing regular meetings
Web *Web* http://www.zzz-bremen.de/lloydhof-teile-eines-einkaufscenters-in-der-innenstadt/

[k]   [ ]   [ö]   [ ]   [ ]   [ ]

Abschlusspräsentation von Studenten der Hochschule für Künste im Sozialen Ottersberg Final presentation of students of the HKS Univesity of Applied Sciences and Arts in Ottersberg © Hans-Joachim Reich

THEATER IM SOZIALEN

Der Studiengang Theater im Sozialen der HKS Ottersberg (Hochschule für Künste im Sozialen) nutzte eine Ladeneinheit in der leer stehenden Einkaufspassage LLOYDHOF für öffentliche Präsentationen von Abschlussarbeiten. Gezeigt wurden Installationen, Performances, Tanz und Lesungen.

The students of Theater in Society at the HKS Ottersberg (university of applied sciences and arts) used a retail unit in the vacant LLOYDHOF shopping arcade to publically present final projects. They presented installations, performances, dance, and readings.

Ort *Site* Lloydhof, Hanseatenhof 9, 28195 Bremen-Mitte
Zeitraum *Time Frame* 29.6.2015 bis *to* 16.7.2015
Organisation *Organization* Studierende des 4. und 6. Semesters HKS Ottersberg
Fourth- and sixth-semester students of the HKS Ottersberg
EigentümerIn *Owner* Städtisch *Municipal*: Objektgesellschaft Ansgaritor Grundstücksverwaltungs-GmbH
ZZZ-Einsatz *ZZZ Workload* Gespräche mit den NutzerInnen; Weitergabe der Kontakte; Besichtigungen im Vorfeld
Discussions with the users, passing on of contact details, preliminary visits
Web *Web* http://www.zzz-bremen.de/pr-sentationen-studiengang-theater-im-sozialen-theaterp-dagogik-im-lloydhof-29-06-16-07-1/

[k] [ ] [ ] [ ] [ ] [ ]

REPAIR-CAFÉ

Das erste Bremer REPAIR-CAFÉ veranstalteten Studierende der Universität Bremen in den Räumlichkeiten des Coworking-Space noon. Gebrauchte defekte Gegenstände wurden vor Ort repariert oder recycelt. Es kamen 40 bis 50 BesucherInnen mit reparaturbedürftigen Geräten. Die Idee, die in anderen Städten bereits umgesetzt wurde, konnte erstmalig in Bremen wirken. Inzwischen gibt es diverse Veranstaltungen dieser Art in Bremen.

Bremen's first REPAIR CAFÉ was organized by students of the University of Bremen in the premises of the coworking space. Used, defective objects were repaired or recycled in situ. Between 40 and 50 visitors came with devices in need of repair. The idea, which had already been implemented in other cities, was implemented in Bremen for the first time. There are meanwhile various events of this kind in Bremen.

Ort *Site* Lloydhof, Hanseatenhof 9, 28195 Bremen-Mitte
Zeitraum *Time Frame* 5.7.2014
Organisation *Organization* StudentInnen der Universität Bremen, Initiative Repair-Café, noon
Students of the University of Bremen, the Repair-Café initiative, noon
EigentümerIn *Owner* Städtisch *Municipal*: Objektgesellschaft Ansgaritor Grundstücksverwaltungs-GmbH
ZZZ-Einsatz *ZZZ Workload* Abstimmungstreffen mit der WFB und der CityInitiative zur Zwischennutzung des Lloydhofs; Treffen mit den NutzerInnen; Klärung der Konditionen; regelmäßige weitere Treffen
Coordination meetings with the WFB and the CityInitiative on the temporary use of the Lloydhof; meetings with the users; clarification of the conditions; ongoing regular meetings
Web *Web* http://www.bremen-repariert.de

[ ]   [ ]   [ ]   [u]   [ ]   [ ]

AFRIKANISCH-DEUTSCHER KONGRESS

Auf der gesamten Fläche der leer stehenden Einkaufspassage LLOYDHOF veranstaltete der Verein AFRIKA IST AUCH IN BREMEN! einen Kongress mit dem Slogan »Wir sind da, wir sind bereit und wir machen mit!«, der über die Grenzen Bremens hinaus AkteurInnen zusammenbrachte. Der Verein organisiert seit Jahren die überregional beachtete Afrika-Messe und rückt Integrations- und Wirtschaftsarbeit sowie Potenziale der Entwicklungszusammenarbeit in den Fokus.

The association AFRIKA IST AUCH IN BREMEN! organized a congress with the slogan "We're here, we're ready and we're taking part!" throughout the entire area of the vacant LLOYDHOF shopping arcade. It brought together players from beyond Bremen's borders. For years now the organization has been organizing the Afrika-Messe, a fair that attracts transregional attention, and calls attention to integration and economic issues as well as the potentials of collaborating on developent work.

Ort *Site* Lloydhof, Hanseatenhof 9, 28195 Bremen-Mitte
Zeitraum *Time Frame* 22.11.2013 bis *to* 23.11.2013
Organisation *Organization* Afrika ist auch in Bremen! e.V.
EigentümerIn *Owner* Städtisch *Municipal*: Objektgesellschaft Ansgaritor Grundstücksverwaltungs-GmbH
ZZZ-Einsatz *ZZZ Workload* Vermittlung der ZZZ-Anfrage an die WFB
Mediation of the ZZZ inquiry to the WFB
Web *Web* http://www.ben-bremen.de/aktuelles/255-faires-quiz-auf-der-breminale.html

[k]   [ ]   [ ]   [ ]   [i]   [ ]

STAY WITH ME

Die Ausstellung STAY WITH ME des Studienzentrums für Künstlerpublikationen zeigte als Außenposten des Ausstellungsprojektes Im Inneren der Stadt in einer Ladeneinheit in der leer stehenden Einkaufspassage LLOYDHOF 82 Notizbücher von 85 türkischen KünstlerInnen, in denen grenzenlose Angst, Unsicherheit, die Existenz im Verborgenen, aber auch Momente der Hoffnung, Wirklichkeit und Zukunft eines kollektiven Widerstands zum Vorschein kommen.

The exhibition STAY WITH ME by the Center for Artists' Publications was presented in a retail unit in the LLOYDHOF shopping arcade as an outpost of the exhibition project Inside the City. It comprised 82 diaries by 85 turkish artists in which they wrote about their boundless fear, uncertainty, life in hiding, but also about moments of hope, reality and the future of collective resistance.

Ort *Site* Lloydhof, Hanseatenhof 9, 28195 Bremen-Mitte
Zeitraum *Time Frame* 15.7.2015 bis *to* 10.10.2015
Organisation *Organization* Studienzentrum für Künstlerpublikationen des Museums Weserburg
Center for Artists' Publications at the Weserburg Museum
EigentümerIn *Owner* Städtisch *Municipal*: Objektgesellschaft Ansgaritor Grundstücksverwaltungs-GmbH
ZZZ-Einsatz *ZZZ Workload* Gespräche mit den NutzerInnen; Weitergabe der Kontakte
Discussions with the users, passing on of contact details
Web *Web* http://www.weserburg.de/index.php?id=870

[k] [ ] [ ] [ ] [ ] [ ]

BLO OPEN AIR

Im Atrium der Innenhöfe des LLOYDHOFS wurde in Zusammenarbeit mit der REIHE ELEKTRONISCHER MUSIK (REM) ein Lautsprecherkonzert des BLO (BREMER LAUTSPRECHER ORCHESTER) durchgeführt. Das BLO ist ein Klangkörper aus 120 Lautsprechern, die ein Musikstück (zum Beispiel von einer CD) in eine faszinierende Klanglandschaft verwandeln. Das Konzept entstand in Anlehnung an das legendäre Acousmonium, das Francois Bayle in den 1970er Jahren erstmals in Paris präsentierte.

A speaker concert by the BLO (BREMER LAUTSPRECHER ORCHESTER) was performed in the atrium of the interior courtyards of the LLOYDHOF in collaboration with the reihe ELEKTRONISCHER MUSIK (REM). The BLO is an ensemble that consists of 120 speakers that transform a piece of music (e.g. from a CD) into a fascinating sound landscape. The concept was developed based on the legendary acousmonium, which Francois Bayle presented for the first time in Paris in the 1970s.

Ort *Site* Lloydhof, Hanseatenhof 9, 28195 Bremen-Mitte
Zeitraum *Time Frame* 29.6.2015
Organisation *Organization* rem-Kuratorium/projektgruppe neue musik e.V.
rem advisory board/projektgruppe neue musik e.V.
EigentümerIn **Owner** Städtisch *Municipal*: Objektgesellschaft Ansgaritor Grundstücksverwaltungs-GmbH
ZZZ-Einsatz *ZZZ Workload* Gespräche mit den NutzerInnen; Weitergabe der Kontakte
Discussions with the users, passing on of contact details
Web *Web* http://www.zzz-bremen.de/blo-open-air-im-lloydhof-am-27-juni-201/

[k]   [ ]   [ ]   [ ]   [ ]   [ ]

ABITURPROJEKT

Eine Ladeneinheit in der leer stehenden Einkaufspassage LLOYDHOF wurde im Rahmen eines Abiturprojekts der Wilhelm-Wagenfeld-Schule mit einer Soundinstallation bespielt. Durch Geräusche sollte der leere Raum zum Leben erweckt werden.

A sound installation was presented in a retail unit in the vacant LLOYDHOF shopping arcade within the scope of a high-school project by the Wilhelm-Wagenfeld-Schule. The sounds brought the empty space to life.

Ort *Site* Lloydhof, Hanseatenhof 9, 28195 Bremen-Mitte
Zeitraum *Time Frame* 3.7.2015 bis *to* 21.7.2015
Organisation *Organization* Drei AbiturientInnen der Wilhelm-Wagenfeld-Schule
Three students from the Wilhelm-Wagenfeld-Schule
EigentümerIn *Owner* Städtisch *Municipal*: Objektgesellschaft Ansgaritor Grundstücksverwaltungs-GmbH
ZZZ-Einsatz *ZZZ Workload* Gespräche mit den NutzerInnen; Weitergabe der Kontakte
Discussions with the users, passing on of contact details

[k]   [ ]   [ ]   [ ]   [ ]   [ ]

IT'S RAINING SPACE

Die dreitägige internationale Konferenz IT'S RAINING SPACE fand an verschiedenen Orten in Bremen statt. Die TeilnehmerInnen waren selbst AktivistInnen aus anderen Zwischennutzungsprojekten in Bremens Partnerstadt Riga und aus Würzburg, Mainz und Linz sowie weitere InteressentInnen aus Bremen und dem Umland. Mit der Besichtigung der Projekte PLANTAGE 9, BAY-WATCH, WURST CASE, LLOYDHOF und KULTURKÜCHE wurden nachhaltige Projekte der ZZZ als Best-practice-Modell in Deutschland besichtigt und in Vorträgen wurde Input von den PartnerInnen gegeben.

The three-day international conference IT'S RAINING SPACE took place at various sites in Bremen. The participants were activists from other temporary use projects in Bremen's sister city Riga, from Würzburg, Mainz and Linz as well as interested parties from Bremen and the region. Participants visited the projects PLANTAGE 9, BAY-WATCH, WURST CASE, LLOYDHOF and KULTURKÜCHE, sustainable projects by the ZZZ and best practice models in Germany. Partners provided input in presentations.

253

Ort *Site* Verschiedene Orte in ganz Bremen *Various sites throughout Bremen*
Zeitraum *Time Frame* 6.7.2015 bis *to* 8.7.2015
Organisation *Organization* ZZZ
EigentümerIn *Owner* Privat *Private*: Könecke Wurstwarenfabrikation GmbH & Co. KG
ZZZ-Einsatz *ZZZ Workload* Vorbereitung und Durchführung der Konferenz, inhaltliche Konzeption; Abstimmung mit den KooperationspartnerInnen; Akquise von Mitteln für den Austausch mit der Partnerstadt Riga; Dokumentation und Öffentlichkeitsarbeit; Finanzierung mit 4 350 € ZZZ-Projektmitteln. *Preparation and implementation of the conference; content-related concept; coordination with cooperation partners; acquisition of resources for the exchange with sister city Riga; documentation and public relations; financing with € 4 350 in ZZZ project resources*
Web *Web* http://www.zzz-bremen.de/it-s-raining-space-internationale-werkstatt-f-r-urbane-vielfalt/

Auszeichnung 2016
**der ZZZ als Werkstatt N Projekt 2016
durch den Nachhaltigkeitsrat**
*Award 2016 by the Sustainability Council to the
ZZZ as Workshop N Project 2016*

[ ]   [ ]   [ ]   [ ]   [i]   [ ]

PFLEGER UND SAMMLER

Eine Baulücke in Bremen-Huckelriede wurde für zwei Wochen zum Standort des Projekts PFLEGER UND SAMMLER. Dieses war Anlaufpunkt für die Nachbarschaft, die hier Pflanzen abgeben oder in einer grünen Oase abschalten konnten. Das Projekt wurde im Zusammenhang mit sechs Urbanen Spaziergängen der AAA GmbH durch Huckelriede geplant, die den Ortsteil in alle Himmelsrichtungen durchmaßen. Insgesamt konnten 500 BesucherInnen begrüßt werden.

For a period of two weeks, an empty site became the location of the project PFLEGER UND SAMMLER (Carers and Gatherers). It was a venue where people from the neighborhood could drop off plants or unwind in a green oasis. The project was planned in conjunction with six urban walks through Huckenriede by the AAA GmbH that led through the entire district. Five hundred visitors took part.

Ort *Site* Brache, Buntentorsteinweg 475, 28201 Bremen-Huckelriede
Brownfields, Buntentorsteinweg 475, 28201 Bremen-Huckelriede
Zeitraum *Time Frame* 24.8.2013 bis *to* 6.9.2013
Organisation *Organization* AAA GmbH / ZZZ, Alsomirschmeckts!-Theater, Künstlergruppe RS&T
AAA GmbH / ZZZ, Alsomirschmeckts!-Theater, artists' group RS&T
EigentümerIn *Owner* Privat *Private*: HFD Fassadendämmsysteme GmbH
ZZZ-Einsatz *ZZZ Workload* Entwicklung des Konzepts mit den KünstlerInnen und TheatermacherInnen; Absprachen mit der Stadtplanung und dem Quartiersmanagement; Verhandlungen mit der Eigentümerin; Präsentation im WiN-Forum; Presse- und Öffentlichkeitsarbeit, Berichterstattung bei Funkhaus Europa; Herrichtung des Areals und Abbau; Unterstützung mit 4 000 € ZZZ-Projektmitteln
Development of the concept with the artists and theater makers; arrangements with Urban Planning and District Management; negotiations with the owner; presentation in the WiN Forum; public relations; preparation of the site and returning it to its former state; funding with € 4 000 in ZZZ project resources
Web *Web* http://www.zzz-bremen.de/pfleger-und-sammler-pflanzenambulanz/

[k]   [s]   [ ]   [u]   [ ]   [ ]

Pflanzenambulanz #2 im Projekt Pfleger und Sammler
Pflanzenambulanz #2 at the project Pfleger und Sammler
© Das Kollektiv R&ST Raabe/Stephan u. Piet Trantel

GOLDENBURG

Auf einem stark befahrenen Straßenzug mit vielen Ladenleerständen entstand im Rahmen des Autofreien StadTraums eine begehbare Kunstinstallation. Mit goldfarbener Kreidefarbe und Plakaten wurde auf das kostbare Potenzial hingewiesen, das diese Ladenflächen für die Stadt darstellen. Nach wenigen Stunden verflüchtigte sich diese Installation wieder.

A walk-through art installation was created within the scope of the event Autofreier StadTraum (Car-Free City Dream) on a busy street with a high vacancy rate. Gold chalk paint and posters called attention to the precious potential that these retail spaces hold for the city. The installation vanished again after several hours.

Ort *Site* Bremerhavener Heerstraße, 28717 Bremen-Burglesum, bis Burger Heerstraße, 28719 Bremen-Burglesum
Bremerhavener Heerstraße, 28717 Bremen-Burglesum, to Burger Heerstraße, 28719 Bremen-Burglesum
Zeitraum *Time Frame* 20.9.2015
Organisation *Organization* ZZZ, AAA GmbH im Rahmen des Autofreien StadTraums, organisiert von Sternkultur UG
ZZZ, AAA GmbH within the scope of Autofreier StadTraum, organized by Sternkultur UG
EigentümerIn *Owner* Städtisch: ASV Amt für Straßen und Verkehr Privat: diverse EigentümerInnen von Leerständen an der Bremerhavener und Burger Heerstraße *Municipal: ASV Road and Transportation Office Private: various owners of vacant shops in the streets Bremerhavener and Burger Heerstraße*
ZZZ-Einsatz *ZZZ Workload* Abstimmung mit den ProjektorganisatorInnen; Konzeption und Durchführung; Unterstützung mit 600 € ZZZ-Projektmitteln
Coordination with project organizers; concept and implementation; funding with € 600 in ZZZ project resources
Web *Web* http://www.autofreibremen.de/stadtraeume/aktionen/autofreier-stadtraum-2015/

[k] [ ] [ ] [ ] [ ] [ ]

TSCHECHOW – EINE LANDPARTIE

Der ehemalige Sattelhof in Bremen-Blumenthal wurde zur Spielstätte der Inszenierung TSCHECHOW – EINE LANDPARTIE des Theater der Versammlung des Zentrums für Performance Studies an der Universität Bremen. Mit dem Bus fuhren die jeweils 50 BesucherInnen pro Inszenierung aus der Innenstadt zum Veranstaltungsort. Die mediale Berichterstattung über das Projekt führte zu neuen Kaufanfragen für das Objekt.

The former Sattelhof in Bremen-Blumenthal became the venue for the staging of the play TSCHECHOW – EINE LANDPARTIE by the Theater der Versammlung from the Center for Performance Studies at the University of Bremen. The 50 visitors to each production were driven by bus from downtown Bremen to the venue. The media coverage of the project led to new inquiries into buying the object.

Ort *Site* Sattelhof, Burgwall 2, 28779 Bremen-Blumenthal
Zeitraum *Time Frame* 1.9.2013 bis *to* 1.11.2013
Organisation *Organization* Theater der Versammlung des Zentrums für Performance Studies *Theater der Versammlung from the Center for Performance Studies*
EigentümerIn *Owner* Städtisch *Municipal*: Immobilien Bremen
ZZZ-Einsatz *ZZZ Workload* Gespräche mit den NutzerInnen; Suche nach geeigneten Locations; Verhandlungen mit Immobilien Bremen; Unterstützung für die Herrichtung mit 630 € ZZZ-Projektmitteln *Discussions with the users; search for suitable locations; negotiations with Immobilien Bremen; funding for site preparation with € 630 in ZZZ project resources*
Web *Web* http://www.tdv.uni-bremen.de/performances.php

[k] [ ] [ ] [ ] [ ] [ ]

FIND THE GAP!

Der leer stehende Bunker in der Lloydstraße 9 wurde zum temporären Probe- und Veranstaltungsort für das Tanztheaterstück FIND THE GAP!. Insgesamt 100 bis 120 BesucherInnen kamen zur Premiere und den weiteren Aufführungen. Die Inszenierung wurde im Anschluss in weiteren Städten aufgeführt und der Bunker für weitere Nutzungen angefragt.

The empty bunker in Lloydstraße 9 was turned into a temporary rehearsal site and venue for the dance theater play FIND THE GAP! There were a total of 100 to 120 visitors at the premiere and the ensuing performances. The production was subsequently performed in further cities and additional enquiries were received for the use of the bunker.

Ort *Site* Lloydstraße 9, 28217 Bremen-Utbremen
Zeitraum *Time Frame* 2.6.2013 bis *to* 30.9.2013
Organisation *Organization* Ein Tänzer und Choreograf in Kooperation mit weiteren Institutionen
A dancer and a choreographer in cooperation with further institutions
EigentümerIn *Owner* Städtisch: WFB Wirtschaftsförderung Bremen
Municipal: WFB Bremen Office for Economic Development
ZZZ-Einsatz *ZZZ Workload* Gespräche mit NutzerInnen und der Eigentümerin; 2–3 Besichtigungstermine mit Feuerwehr und Bauamt; Erstellung der Grundlagen (Grundrisse) für Genehmigung; Herstellung des Außengeländes; Unterstützung in der Pressearbeit; Unterstützung mit 3 000 € ZZZ-Projektmitteln
Discussions with users and the owner; 2–3 inspection dates with the fire department and the building authorities; preparation of the foundations (floor plans) for approval; preparation of the exterior landscape; PR support; funding with €3 000 in ZZZ project resources
Web *Web* http://timgerhards.de/content/

[k]   [ ]   [ ]   [ ]   [ ]   [ ]

Tanzperformance im leerstehenden Lloydbunker: »Find the Gap!«
Dance performance in the vacant Lloyd bunker: "Find the Gap!" © Jonte von Döllen

PIXEL UND PIGMENT

In einem Ladenleerstand in einem Gebäude, das die Stadt Bremen im Rahmen eines Vorkaufsrechts erworben hatte, entstand das erste Atelier eines Künstlers, der hier mit Fotografie und Malerei arbeitete und verschiedene Veranstaltungen organisierte.

An artist's first studio was created in a vacant shop in a building that the City of Bremen had purchased within the scope of an option right; the artist used the space to work with photography and painting and organize various events.

Ort *Site* Osterholzer Heerstraße 141, 28307 Bremen-Osterholz
Zeitraum *Time Frame* 1.1.2014 bis *to* 1.12.2014
Organisation *Organization* Ein Künstler *An artist*
EigentümerIn *Owner* Städtisch: Sondervermögen Infrastruktur *Municipal: infrastructure fund*
ZZZ-Einsatz *ZZZ Workload* Besichtigung des Gebäudes; Verhandlungen über die Konditionen; Gespräche mit potenziellen InteressentInnen; Planung und Durchführung einer Veranstaltung im Objekt
Viewing of the building; negotiation of conditions; discussions with potential interested parties; planning and implementation of an event in the object
Web *Web* https://www.facebook.com/pixelundpigment

[ ]   [ ]   [ö]   [ ]   [ ]   [ ]

AUSGEZEICHNETER ORT

Preisverleihung im März 2014: Für die feierliche Entgegennahme des Preises AUSGEZEICHNETER ORT »Land der Ideen« zum Thema »Ideen finden Stadt« wählte die ZZZ die Zwischennutzung PIXEL UND PIGMENT in Bremen-Osterholz als Veranstaltungsort aus. Abseits der historischen Innenstadt wurde der Preis in einer Kulisse verliehen, die typisch für die Arbeit der ZZZ ist. Mit der Veranstaltung konnte so öffentliches Interesse für den Standort und seine Möglichkeiten über Bremer Stadtgrenzen hinaus erzeugt werden.

Award presentation in March 2014: The ZZZ selected the temporary use PIXEL UND PIGMENT in Bremen-Osterholz as the venue for the ceremonial acceptance of the award AUSGEZEICHNETER ORT in "Land der Ideen" (Awarded place in Land of Ideas) on the subject of "Ideen finden Stadt" (Ideas find the City). The award was presented in a setting outside the city's historic downtown area that is typical for the ZZZ's work. The event raised public interest in the site and its potential beyond the city limits of Bremen.

Ort *Site* Osterholzer Heerstraße 141, 28307 Bremen-Osterholz
Zeitraum *Time Frame* 3.3.2014
Organisation *Organization* ZZZ
EigentümerIn *Owner* Städtisch: Sondervermögen Infrastruktur *Municipal: infrastructure fund*
ZZZ-Einsatz *ZZZ Workload* Organisation der Veranstaltung mit zwei GastkünstlerInnen und drei Redebeiträgen; Catering mit Essen und Getränken; Presse- und Öffentlichkeitsarbeit
Organization of the event with two visiting artists and three talks; catering with food and beverages; PR work
Web *Web* https://www.land-der-ideen.de/presse/meldungen/r-ckblick-0303-bis-0903-preisverleihungen-ausgezeichneten-orte-201314#overlay-context=innovationen-querfeldein/jury-und-fachbeirat

**Auszeichnung 2013/14
der ZZZ als Ausgezeichneter Ort
im Land der Ideen zum
Thema Ideen finden Stadt**
*Award 2013/14 to the ZZZ as a Distinguished
Landmark in the Land of Ideas on the topic
Ideas for the City*

[k]   [ ]   [ ]   [ ]   [i]   [ ]

Tanzperformance in einer ehemaligen Tabakwarenfabrik: »HAUL«
Dance performance in a former tobacco factory: "HAUL" © Lukas Zerbst

HAUL

Die Tanztheaterinszenierung HAUL nutzte die Räumlichkeiten einer ehemaligen Tabakfabrik in Bremen-Woltmershausen. Die Aufführung setzte sich kritisch mit der gesellschaftlichen Teilhabe mittels Konsum auseinander. Aufhänger für die Inszenierung waren sogenannte Hauls, Youtube-Videos über das Shoppen. Zu den Aufführungen kamen über 140 BesucherInnen. Teile des Firmengeländes werden mittlerweile als Übergangswohnheim genutzt.

The dance theater production HAUL used the premises of a former tobacco factory in the Woltmershausen district of Bremen. The performance critically examined social participation by means of consumption. More than 140 people attended the performances. Parts of the company premises are meantime being used as a transitional hostel.

Ort *Site* Sirius Business Park (ehemalige Zigarettenfabrik Brinkmann), Hermann-Ritter-Straße 108, 28197 Bremen-Woltmershausen
Sirius Business Park (former Zigarettenfabrik Brinkmann), Hermann-Ritter-Straße 108, 28197 Bremen-Woltmershausen
Zeitraum *Time Frame* 1.8.2015 bis *to* 30.11.2015
Organisation *Organization* Tim Gerhards
EigentümerIn *Owner* Privat *Private*: Sirius Facilities GmbH
ZZZ-Einsatz ZZZ Workload Kontakt mit der Eigentümervertretung; Unterstützung bei der Einholung der notwendigen Genehmigungen und bei der Akquise von Mitteln im Stadtteil; Unterstützung mit 1 250 € ZZZ-Projektmitteln
Contact with the owner representative; assistance in acquiring the necessary permits and district funding; funding with € 1 250 in ZZZ project resources
Web *Web* http://www.timgerhards.de

STERNENKLAUSE

Im Rahmen des Kunstprojekts Rememberti des Medienkünstlers Jürgen Amthor wurde für einen Tag die historische, in den 1960er Jahren abgerissene Gaststätte STERNENKLAUSE wiederbelebt. An historischer Stelle, direkt am Remberti-Kreisel, wurden für einen Tag ZeitzeugInnen, AnwohnerInnen und NachbarInnen in die temporäre Gaststätte eingeladen.

The historical STERNENKLAUSE restaurant, which was torn down in the 1960s, was revived for one day within the scope of the art project Rememberti by media artist Jürgen Amthor. For one day, contemporary witnesses, local residents and neighbors were invited to the temporary restaurant at the historical site, directly on the Remberti-Kreisel traffic circle.

Sternenklause

Ort *Site* Rembertiring, 28195 Bremen-Mitte
Zeitraum *Time Frame* 12.9.2015
Organisation *Organization* Jürgen Amthor (BNC, Medienkünstler), ZZZ, M2C Institut an der Hochschule Bremen *Jürgen Amthor (BNC, media artist), ZZZ, M2C Institute at the University of Applied Sciences Bremen*
EigentümerIn *Owner* Städtisch: ASV Amt für Straßen und Verkehr *Municipal: ASV Road and Transportation Office*
ZZZ-Einsatz *ZZZ Workload* Gespräche mit dem Künstler und Abstimmung mit den KooperationspartnerInnen; Ortsbesichtigung; Organisation des Auf- und Abbaus; Einführung in den Abend durch fachlichen Input; Unterstützung mit 1500 € ZZZ-Projektmitteln
Discussions with the artist and coordination with the cooperation partners; site inspection; organization of assembly and disassembly; introduction to the evening through professional input; funding with € 1500 in ZZZ project resources
Web *Web* http://rememberti.de/projekte/sternenklause

[k]   [ ]   [ ]   [ ]   [i]   [ ]

»Sternenklause« im Projekt Rememberti am Rembertikreisel
"Sternenklause" in the Rememberti project at the Rememberti traffic circle © Harald Jo Schwörer

CORPUS – RAUM ZWISCHEN ERINNERUNG

Die Produktionsräume einer ehemaligen Silberschmiede wurden von drei Performerinnen als Ort einer Tanztheaterinszenierung genutzt. 120 BesucherInnen wurden an diesen Ort gelockt und begegneten in der Inszenierung der irritierenden Zeitlosigkeit des Raums.

The production spaces of a former silversmith were used by three performers as a venue for a dance theater production. The site attracted 120 visitors, and the production introduced them to the unsettling timelessness of the space.

Ort *Site* Ehemalige Corpus-Werkstatt der Firma Koch & Bergfeld, Kirchweg 200, 28199 Bremen-Neustadt
Former Corpus Workshop of the Koch & Bergfeld Company, Kirchweg 200, 28199 Bremen-Neustadt
Zeitraum *Time Frame* 15.9.2015 bis *to* 1.10.2015
Organisation *Organization* Freies Tanzensemble in Kooperation mit der Schwankhalle Bremen
Independent dance ensemble in cooperation with the Schwankhalle Bremen
EigentümerIn *Owner* Privat *Private*: Koch & Bergfeld Besteckmanufaktur GmbH
ZZZ-Einsatz *ZZZ Workload* Vermittlung der Räume; Gespräche mit Nutzerinnen und Eigentümerin; Unterstützung mit 2 000 € ZZZ-Projektmitteln
Procurement of the spaces; discussions with users and the owner; funding with € 2 000 in ZZZ project resources
Web *Web* http://www.zzz-bremen.de/corpus-raum-zwischen-erinnerung-24-27-09-2/

[k]   [ ]   [ ]   [ ]   [ ]   [ ]

UNTERSEEDORF

Das UNTERSEEDORF war ein Sommerprojekt des Zuckerwerk e.V. auf einer Brachfläche in der Bremer Überseestadt. Die Fläche wurde vom Netzwerk selbst genutzt, aber auch als offene Plattform für weitere Aktivitäten angeboten. Das Festival hatte eine große Wirkung auf die Szene und trug zur Stärkung der Selbstorganisation und Qualifikation der AkteurInnen bei. Insgesamt kamen an zwei Festivalwochenenden über 1100 BesucherInnen.

The UNTERSEEDORF was a summer project by the Zuckerwerk e.V. on a vacant lot in Bremen's Überseestadt. The lot was used by the network itself, but was also made available as a platform for other activities. The festival had a large impact on the scene and contributed to reinforcing the self-organization and qualification of the players. A total of more than 1100 visitors came to the festival on two weekends.

Ort *Site* Konsul-Smidt-Straße, 28217 Bremen-Überseestadt
Zeitraum *Time Frame* 17.5.2013 bis *to* 25.5.2013
Organisation *Organization* ZZZ, Zuckerwerk e.V.
EigentümerIn *Owner* Städtisch: WFB Wirtschaftsförderung Bremen
Municipal: WFB Bremen Office for Economic Development
ZZZ-Einsatz *ZZZ Workload* Gespräche im Vorfeld; Unterstützung in der Organisation und Beteiligung an den Veranstaltungen; Kommunikation mit dem Bauamt und Einholung von Genehmigung; Unterstützung mit 1700 € ZZZ-Projektmitteln
Discussions in the preliminary stage; assistance in the organization and participations in the events; communication with the building authorities and obtaining of permit; funding with € 1700 in ZZZ project resources
Web *Web* http://www.unterseedorf.zuckerwerk.org

[k]   [ ]   [ ]   [ ]   [i]   [ ]

Erika, die Cocktailbar, auf dem Festival Ochtum! Ochtum!
Erika, the Cocktail Bar, at the Ochtum! Ochtum! Festival © Kay Osterloh

OCHTUM! OCHTUM! HIER SPRICHT DIE POLIZEI!

OCHTUM! OCHTUM! HIER SPRICHT DIE POLIZEI! war ein Festival des Zuckerwerk e.V. auf einer Fläche nahe des Flusses Ochtum in Bremen-Huchting. Verschiedene Musikkollektive des Netzwerkes stellten gemeinsam das Programm zusammen. Lichtinstallationen, Tanzbereich, Barbereich und Ruhezonen wurden aus einfachen Mitteln und mit vergleichsweise wenig Aufwand realisiert. Ziel war es, den Ursprung des Zuckernetzwerkes in der Form der spontanen Freiluftparty zu verdeutlichen und zur weiteren Vernetzung anzuregen.

OCHTUM! OCHTUM! HIER SPRICHT DIE POLIZEI! was a festival organized by the Zuckerwerk e.V. on a site near the river Ochtum in Bremen's district of Huchting. Various music collectives in the network collaborated on developing the program. Light installations, a dance area, a bar and rest areas were created from simple means and with comparatively low costs. The goal was to highlight the origin of the Zucker network in the form of a spontaneous outdoor party and encourage more networking.

Ort *Site* Hoveweg (Mittelshuchting), 28259 Bremen-Huchting
Zeitraum *Time Frame* 31.7.2015 bis *to* 16.8.2015
Organisation *Organization* Zuckerwerk e.V.
EigentümerIn *Owner* Privat *Private*: Deichverband links der Weser e.V.
ZZZ-Einsatz *ZZZ Workload* Gespräche im Vorfeld; Vorbereitung von Vertragsunterlagen für den Deichverband; Unterstützung mit 1350 € ZZZ-Projektmitteln
Discussions in the preliminary stage; preparation of contract documents for the Deichverband; funding with € 1350 in ZZZ project resources
Web *Web* http://www.zzz-bremen.de/ochtum-ochtum-hier-spricht-die-polizei/

[k]   [ ]   [ ]   [ ]   [ ]   [ ]

Urbanes Gärtnern »Ab geht die Lucie!« auf dem Lucie-Flechtmann-Platz
Urban gardening "Ab geht die Lucie!" at Lucie-Flechtmann-Platz © Felix Conitz

AB GEHT DIE LUCIE!

Die vormals kaum genutzte Fläche des Lucie-Flechtmann-Platzes in der Alten Neustadt wird seit dem 2. Juni 2013 durch die erste (innerstädtische) Bremer Urban-Gardening-Initiative genutzt. QuartiersbewohnerInnen, AnwohnerInnen und BesucherInnen sind gemeinsam mit Kindergärten, Schulen und SeniorInnenheimen an der Umsetzung des Projekts beteiligt. Mittlerweile ist das Projekt maßgeblich in die städtebauliche Umgestaltung des Platzes mit eingebunden.

The previously little-used site at Lucia-Flechtmann-Platz in the Alte Neustadt has been used by the first (inner-city) urban gardening initiative in Bremen since June 2, 2013. Neighborhood residents, local residents and visitors participate in the implementation of the project with preschools, schools and retirement homes. The project has made a substantial contribution to the transformation of the square in terms of urban planning.

Ort *Site* Lucie-Flechtmann-Platz, 28199 Bremen-Neustadt
Zeitraum *Time Frame* Seit *Since* 2.6.2013
Organisation *Organization* Kulturpflanzen e.V.
EigentümerIn *Owner* Städtisch: ASV Amt für Straßen und Verkehr *Municipal: ASV Road and Transportation Office*
ZZZ-Einsatz *ZZZ Workload* Erste Gespräche mit den NutzerInnen; Vorbereitung und Unterstützung eines Workshops; weiterer Austausch und Beratung sowie Gespräche mit Stadtplanung, Beirat, Ortsamt und NutzerInnen; gemeinsame Durchführung der Eröffnung des Projekts am 2.6.2013.
Initial discussions with the users; preparation and support of a workshop; further exchanges and consultations as well as discussions with urban development, advisory council, local officials and users; joint implementation of the opening of the project on 2.6.2013
Web *Web* http://www.lucie-bremen.de

Hilde-Adolf Preis 2016
der Bürgerstiftung Bremen für hervorragendes bürgerschaftliches Engagement
Hilde Adolf Prize 2016 by the Bremen Community Foundation for outstanding civic involvement

Deutscher Bürgerpreis 2015
in der Kategorie Alltagshelden durch die Initiative »für mich. für uns. für alle.«
German Civic Prize 2015 in the category Everyday Heroes by the initiative "for me. for us. for everyone."

HEMELINGEN GOES GOLDEN CITY

Mit circa 160 Personen spazierte die ZZZ durch den Stadtteil Hemelingen und lud zu einer Schifffahrt mit der Crew der Hafenbar Golden City gen Überseestadt ein. Das Auswärtsspiel der temporären Hafenbar in Hemelingen mit Entdeckung des Hafens und den Interviews mit aktiven NutzerInnen und AkteurInnen aus Hemelingen führte zu einer »Neuentdeckung« Hemelingens und zu neuen Perspektiven – nicht nur vom Wasser aus – auf den Stadtteil.

The ZZZ took approximately 160 people on a tour through the Hemelingen district and invited them to a boat trip with the crew of the port bar Golden City towards Überseestadt. The visit by the temporary port bar in Hemelingen led to the "rediscovery" of Hemelingen and to new perspectives - not only from the water - about the district.

Ort *Site* Strotthoffkai, 28309 Bremen-Hemelingen
Zeitraum *Time Frame* 28.6.2015
Organisation *Organization* Stadtkultur UG, ZZZ
EigentümerIn *Owner* Privat *Private*: bremenports GmbH & Co. KG
ZZZ-Einsatz *ZZZ Workload* Drei Planungstreffen mit der Stadtkultur UG; Vorbereitung des Spaziergangs; Kontaktaufbau zu weiteren TeilnehmerInnen; Öffentlichkeitsarbeit; Unterstützung mit 2500 € ZZZ-Projektmitteln
Three planning meetings with the Stadtkultur UG; preparation of the tour; establishment of contact with further participants; PR work; funding with € 2500 in ZZZ project resources
Web *Web* http://www.goldencity-bremen.de

[k]   [ ]   [ö]   [ ]   [ ]   [ ]

KUKOON

Ein ehemaliger Leerstand in der Bremer Neustadt wurde zum Café und soziokulturellen Zentrum, in dem seit Januar 2015 dutzende Veranstaltungen stattgefunden haben. Hinter dem Projekt steht eine sozio-kulturelle Geschäftsidee mit einem BetreiberInnenkollektiv, das den Raum als offenen Veranstaltungsraum führt. In den Nutzungsvertrag für das Objekt ist die Möglichkeit eines Kaufs der Immobilie nach Ablauf der Vertragsdauer eingeschrieben.

A former vacant space in Bremen's Neustadt was turned into a café and socio-cultural center in which dozens of events have taken place since January 2015. The project is backed by a socio-cultural business concept and a collective which uses the space as an open venue for events. The possibility to buy the property after the contract expires has been included in the use contract for the object.

Ort *Site* Buntentorsteinweg 29, 28201 Bremen-Neustadt
Zeitraum *Time Frame* 24.1.2015 bis *to* 24.1.2018
Organisation *Organization* Kukoon Kulturkombinat offene Neustadt, Gesellschaft für bunte Steine mbH, 10 GesellschafterInnen *Kukoon Kulturkombinat offene Neustadt, Gesellschaft für bunte Steine mbH, 10 partners*
EigentümerIn *Owner* Privat *Private*
ZZZ-Einsatz *ZZZ Workload* Treffen mit den BetreiberInnen; Beratung in der Vorphase des Projekts; Unterstützung mit 3 000 € ZZZ-Projektmitteln
Meeting with the operators; consultation in the preliminary phase of the project; funding with €3 000 in ZZZ project resources
Web *Web* http://www.kukoon.de

[k]   [s]   [ö]   [ ]   [ ]   [ ]

Kulturkombinat offene Neustadt Kukoon © Sebi Berens

SPORTAMT

Das leer stehende SPORTAMT an der Weser wird seit Juni 2011 vom Klapstul e.V. als subkultureller, unkommerzieller Veranstaltungsort am Weserufer genutzt. Neben der Nutzung von Räumen als Ateliers sind es vor allem eine Volksküche, regelmäßige Konzerte, Workshops und Urban-Gardening-Aktivitäten, die jedes Jahr über 1 200 BesucherInnen an diesen Ort ziehen. Seit April 2015 ist das alte SPORTAMT besetzt und die weitere Nutzung unklar.

Klapstul e.V. has been using the vacant SPORTAMT (Sports Office) on the Weser as a subcultural, non-commercial venue since June 2011. In addition to studios, a communal kitchen, regular concerts, workshops and urban gardening activities attract more than 1200 people a year to the site. The old SPORTAMT has been squatted since April 2015; its future use is uncertain.

Ort *Site* Auf dem Peterswerder 44, 28205 Bremen-Peterswerder
Zeitraum *Time Frame* Seit *Since* 1.6.2011
Organisation *Organization* Klapstul e.V.
EigentümerIn *Owner* Städtisch *Municipal*: Immobilien Bremen
ZZZ-Einsatz *ZZZ Workload* Gespräche im Vorfeld mit potenziellen NutzerInnen; Besichtigung mit der Eigentümerin; Unterstützung des Projekts in der Startphase mit Projektmitteln; beratende Gespräche in den Jahren 2012 und 2013; seit 2013 agiert der Klapstul e.V. auf eigenen Wunsch hin unabhängig von der ZZZ
Discussions in the preliminary stage with potential users; viewing with the owner; funding of the project in the starting phase with project resources; advisory discussions in 2012 and 2013; at their own request, Klapstul e.V. has been acting independent of the ZZZ since 2013
Web *Web* http://www.altes-sportamt.de

[k]   [s]   [ ]   [ ]   [ ]   [ ]

WALLER MITTE

Ein ehemaliger Sportplatz im Bremer Stadtteil Walle wird durch eine aktive Nachbarschaft bis zur Bebauung zwischengenutzt. Die Zwischennutzung durch die BürgerInneninitiative begleitet die Diskussion um die Bebauung des Platzes und artikuliert die Bedürfnisse der NachbarInnen auf Freiflächen im Quartier. Neben einer Bolzplatz- und Spielplatznutzung finden unter anderem Boule und öffentliche Picknicke auf der Fläche statt.

A former playing field in the Walle district of Bremen is being temporarily used by an active neighborhood until it is developed. The temporary use by the citizens' initiative accompanies the discussion about the playing field's development and articulates needs for open spaces in the neighborhood. Boule and public picnics take place at the site which is also used as an amateur soccer field and a playground.

Ort *Site* Vegesacker Straße 84a, 28219 Bremen-Walle
Zeitraum *Time Frame* Seit *Since* 5.10.2011
Organisation *Organization* Waller Mitte e.V.
EigentümerIn *Owner* Städtisch *Municipal*: Immobilien Bremen
ZZZ-Einsatz *ZZZ Workload* Beratende Gespräche; Unterstützung mit jährlich 200 € ZZZ-Projektmitteln für Haftpflichtversicherung seit 2011
Advisory discussions; annual funding since 2011 with € 200 in ZZZ project resources for liability insurance
Web *Web* http://www.waller-mitte.de

[k] [s] [ ] [ ] [ ] [ ]

ZZZ ALS LOCATIONSCOUT

Für vier verschiedene Filmproduktionen fungierte die ZZZ ALS LOCATIONSCOUT: Für den Dreh des Bremer Tatorts »Brüder« wurde die Abfertigung am Hansator genutzt. Im Technologiepark Bremen und an anderen Locations entstand ein Science-Fiction-Film der Filmproduktionsfirma Kunst-Stoff-Werk. Dem Filmerkollektiv crowdmotions dienten die Räumlichkeiten der Abfertigung in der Bremer Überseestadt für zwei Tage als Drehort eines Zombiefilms. Ebenfalls einen Zombiefilm drehte ein weiterer Bremer Filmer in der leer stehenden Jugendvollzugsanstalt im Bremer Blockland.

The ZZZ ALS LOCATIONSOUT operated as a location scout for four different film productions: the customs clearance building at Hansator was used for the shooting of Bremen's Tatort episode "Brüder." The film production company Kunst-Stoff-Werk produced a science fiction film at the Bremen technology park and other locations. For two days, the premises in the customs clearance area in Bremen's Überseestadt served as the location for a zombie film by the filmmaker collective crowdmotions. Another Bremen-based filmmaker also shot a zombie film in the vacant youth penal institution in the Bremen district of Blockland.

Ort *Site* Abfertigung, Hansator 1, 28217 Bremen-Walle / Technologiepark Bremen, Ecotec / Leer stehende JVA Bremen, Carl-Krohne-Straße 31, 28239 Bremen *Customs Clearance Building, Hansator 1, 28217 Bremen-Walle / Technologiepark Bremen, Ecotec / Vacant JVA Bremen, Carl-Krohne-Straße 31, 28239 Bremen*
Zeitraum *Date* Tatort: 17.08.2013 bis *to* 27.08.2013, Kunst-Stoff-Werk: 1.1.2014 bis *to* 31.7.2014, crowdmotions 14.2.2015 bis *to* 15.2.2015, Tobias Mittmann: 17.5.2013
Organisation *Organization* Bremedia Produktion GmbH, Kunst-Stoff-Werk, Filmbüro Bremen e.V., crowdmotions, Bremer Filmer *Bremedia Produktion GmbH, Kunst-Stoff-Werk, Filmbüro Bremen e.V., crowdmotions, Bremen-based filmmaker*
EigentümerIn *Owner* Städtisch: Überseestadt Bremen GmbH (Abfertigung) / Immobilien Bremen (JVA Blockland) *Municipal: Überseestadt Bremen GmbH (Customs Clearance Building) / Immobilien Bremen (JVA Blockland) Privat Private:* Ecotoc (Technologiepark Bremen)
ZZZ-Einsatz *ZZZ Workload* Vermittlung von Filmlocations im Bremer Stadtgebiet *Facilitation of film locations in the Bremen metropolitan area*
Web *Web* http://www.zzz-bremen.de/filmlocation-f-r-den-bremer-tatort-br-der-201/
http://www.kunst-stoff-werk.de
http://www.crowdmotions.com/
http://www.herrmittmann.de/werke/film/the-walking-dead/

[k]   [ ]   [ö]   [ ]   [ ]   [ ]

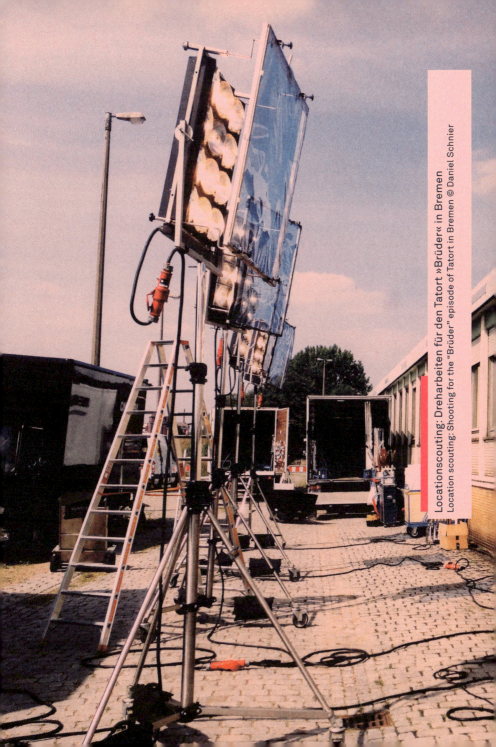

Locationscouting: Dreharbeiten für den Tatort »Brüder« in Bremen
Location scouting: Shooting for the "Brüder" episode of Tatort in Bremen © Daniel Schnier

TEMPORÄRE SCHLAFSTÄTTE

Ein leer stehendes Bürogebäude in der Schillerstraße wurde für zwei Anlässe von internationalen KünstlerInnen als Schlafstätte genutzt. Während des Outnow!-Festivals 2013, einem der renommiertesten Theaterfestivals der freien Szene in Deutschland, und des Explosiv-Festivals 2013 schliefen TeilnehmerInnen in dem Gebäude. Mittlerweile ist es zu einem Übergangswohnheim umgebaut worden.

A vacant office building in Schillerstraße was used on two occasions as accommocations for international artists. Participants slept in the building during the Outnow! Festival 2013, one of most well-known theater festivals by Germany's independent scene, and the Explosiv Festival 2013. It has since been converted into a transitional hostel.

Ort *Site* Schillerstraße 6-7, 28195 Bremen-Bahnhofsvorstadt
Zeitraum *Time Frame* 2.6.2013 bis *to* 8.6.2013
Organisation *Organization* Schwankhalle Bremen, Theater Schlachthof, ZZZ
EigentümerIn *Owner* Städtisch *Municipal*: Immobilien Bremen
ZZZ-Einsatz *ZZZ Workload* Gespräche mit der Eigentümerin, mit der Schwankhalle und dem theaterSchlachthof; Unterstützung mit 700 € ZZZ-Projektmitteln für die Nutzungsänderung
Discussions with the owner, the Schwankhalle and the theaterSchlachthof; funding with € 700 in ZZZ project resources for the change in use
Web *Web* http://www.explosive-info.de

[ ]   [ ]   [ ]   [ ]   [ ]   [f]

PROBERAUM

Eine leer stehende Sparkassenfiliale in der Bremer Neustadt konnte von der Steptext Dance Company als externer Tanz-Probenraum genutzt werden.

A vacant bank branch in Bremen's Neustadt could be used by the Steptext Dance Company as an external dance rehearsal room.

Ort *Site* Nietzschestraße 2, 28201 Bremen-Neustadt
Zeitraum *Time Frame* 1.9.2013 bis *to* 31.12.2013
Organisation *Organization* steptext dance company e.V.
EigentümerIn *Owner* Privat *Private*
ZZZ-Einsatz *ZZZ Workload* Gespräche mit EigentümerIn und NutzerInnen; Besichtigungen und Vermittlung der Nutzung
Discussions with the owner and the users; viewings and facilitation of its use
Web *Web* http://www.steptext.de

[k] [ ] [ ] [ ] [ ] [ ]

LOKAL. FINDORFFS OFFENES WOHNZIMMER

Ein leer stehendes Ladenlokal im Stadtteil Findorff wurde temporär und unkommerziell als offenes Wohnzimmer für die QuartierbewohnerInnen umgenutzt. Unter anderem fanden dort Veranstaltungen und Konzerte statt. Heute ist das Ladenlokal regulär vermietet.

A vacant retail space in the district of Findorff was repurposed for its temporary and non-commercial use as an open living room by neighborhood residents. Events and concerts took place there, among other things. The shop is currently being rented as a normal retail space.

Ort *Site* Münchener Straße 58, 28215 Bremen-Findorff
Zeitraum *Time Frame* 23.2.2013 bis *to* 28.7.2013
Organisation *Organization* Eine Kulturwissenschaftlerin *A cultural studies expert*
EigentümerIn *Owner* Privat *Private*
ZZZ-Einsatz *ZZZ Workload* Unterstützung durch Gespräche im Vorfeld; Beratung in Bezug auf Zwischennutzungsvertrag
Support through discussions in the preliminary stage; consulting with respect to the temporary use contract
Web *Web* https://lokalbremen.wordpress.com/christinas-lokal/

[k] [s] [ ] [ ] [ ] [ ]

SEBALDSBROOKLYN

In der ehemaligen Schlecker-Filiale in der Hemelinger Bahnhofstraße wurden von Street-Art-KünstlerInnen gemeinsam mit Jugendlichen aus dem Stadtteil die Motive und Techniken zur Gestaltung des nahegelegenen Sebaldsbrücker Bahnhofstunnels erarbeitet. Das Ladengeschäft diente als Treffpunkt und als Lager für die benötigten Materialien.

Street artists and young people from the neighborhood met in a former branch of the Schlecker drug store in Hemelingen's Bahnhofstraße to develop motifs and techniques for the design of the nearby train station tunnel in Sebaldsbrück. The retail space served as a meeting place and storage space for the required materials.

Ort *Site* Hemelinger Bahnhofstraße 8, 28309 Bremen-Hemelingen
Zeitraum *Date* 1.2.2014 bis *to* 31.10.2014
Organisation *Organization* Sofa e.V.
EigentümerIn *Owner* Privat *Private*
ZZZ-Einsatz *ZZZ Workload* Besichtigung mit EigentümerIn; Überlassung von Vertragsentwürfen für die Zwischennutzung durch Sofa e.V.
Viewing with the owner; transfer of the draft contracts for temporary use by Sofa e.V.
Web *Web* https://www.facebook.com/events/1523836974503465/

[k] [ ] [ ] [ ] [ ] [ ]

DAS FEUCHTE HAUS

Auf einer schneebedeckten Brachfläche in der Bremer Überseestadt entstanden im Winter die Aufnahmen für die künstlerische Videoperformance DAS FEUCHTE HAUS der Künstlerin Lucie Mercadal aus Braunschweig.

In the winter, footage for the artistic video performance DAS FEUCHTE HAUS by the Braunschweig-based artist Lucie Mercadal was produced on a snow-covered vacant lot in Bremen's Überseestadt.

Ort *Site* Ecke zwischen der Eduard-Suling-Straße und Am Winterhafen, 28217 Bremen-Überseestadt
Corner between Eduard-Suling-Straße and Am Winterhafen, 28217 Bremen-Überseestadt
Zeitraum *Time Frame* 26.1.2013
Organisation *Organization* Lucie Mercadal
EigentümerIn *Owner* Städtisch *Municipal*: Überseestadt Bremen GmbH
ZZZ-Einsatz *ZZZ Workload* Beratung bei der Locationsuche sowie Unterstützung bei der Umsetzung
Consultation during the search for a location as well as support in the implementation
Web *Web* http://luciemercadal.com/das-feuchte-haus

[k]   [ ]   [ ]   [ ]   [ ]   [ ]

Kunstperformance »Das feuchte Haus« von Lucie Mercadal
Art performance "Das feuchte Haus" by Lucie Mercadal © Daniel Schnier

LA STRADA

Das jährlich stattfindende Straßenfestival in der Bremer Innenstadt, LA STRADA, ist immer wieder auf der Suche nach neuen Auftrittsmöglichkeiten und Räumen für die Organisation und den Aufbau.

The annual street festival in downtown Bremen, LA STRADA, is always looking for new performance opportunities and spaces for its organization and set up.

Ort *Site* Innenstadt *Downtown*
Zeitraum *Time Frame* 11.6.2015 bis *to* 15.6.2015
Organisation *Organization* Theaterkontor bzw. neue Gruppe Kulturarbeit e.V. *Theaterkontor and neue Gruppe Kulturarbeit e.V.*
EigentümerIn *Owner* Privat *Private*
ZZZ-Einsatz *ZZZ Workload* Unterstützung bei der Suche nach Spielorten und Backstagebereichen für La Strada; ein Treffen, mehrere Kontakte mit EigentümerInnen
Assistance in the search for venues and backstage areas for La Strada; one meeting, several contacts with owners
Web *Web* http://www.lastrada-bremen.de

[k] [ ] [ ] [ ] [ ] [ ]

LLOYD DYNAMOWERKE

In einem Verwaltungsgebäude der LLOYD DYNAMOWERKE am Hastedter Osterdeich stehen eine komplette Etage und mehrere einzelne Büros leer. In diesen finden temporär Proben und Ausstellungen statt und es zieht ein Tanztheaterensemble und ein FabSpace ein. Die Lage auf dem Firmenareal macht intensive Koordinierungen mit dem Eigentümer notwendig.

An entire story and several individual offices are vacant in an administrative building of the LLOYD DYNAMOWERKE at Hastedt's Osterdeich. Rehearsals and exhibitions take place here on a temporary basis and include a dance theater and a fabspace. The location on the company site requires intense coordnation efforts with the owner.

Lloyd Dynamowerke

287

Ort *Site* Hastedter Osterdeich 250, 28207 Bremen-Hastedt
Zeitraum *Time Frame* Seit *Since* 1.8.2014
Organisation *Organization* AAA GmbH / ZZZ
EigentümerIn *Owner* Privat *Private*: Lloyd Dynamowerke, Hastedt
ZZZ-Einsatz *ZZZ Workload* Gespräche mit dem Eigentümer; Vermittlung von NutzerInnen, Erarbeitung von Nutzungskonzepten, Überlassung von Nutzungsverträgen und Moderation von NutzerInnenkonstellationen
Discussions with the owner, facilitation of users, development of use concepts, transfer of use contracts and the moderation of user constellations

[k]   [s]   [ö]   [ ]   [ ]   [ ]

BREMER KRIMINAL THEATER

Das BREMER KRIMINAL THEATER ist aufgrund seiner begrenzten Raumkapazitäten immer wieder auf der Suche nach zusätzlichen Proberäumen. Auf Zeit konnten die Theaterproben unter anderem in den Räumen der LLOYD DYNAMOWERKE realisiert werden.

Due to limited spatial capacities, the BREMER KRIMINAL THEATER (Bremer criminal theater) is constantly looking for additional rehearsal rooms. Theater rehearsals could also temporarily take place in the spaces of the LLOYD DYNAMOWERKE.

Bremer Kriminal Theater

Ort *Site* Hastedter Osterdeich 250, 28207 Bremen-Hastedt
Zeitraum *Time Frame* 20.5.2016 bis *to* 30.6.2016
Organisation *Organization* Bremer Kriminal Theater *Bremer criminal theater*
EigentümerIn *Owner* Privat *Private*: Lloyd Dynamowerke, Hastedt
ZZZ-Einsatz *ZZZ Workload* Treffen mit dem Geschäftsführer und mit den NutzerInnen; Vermittlung von Vertragsgrundlagen
Meeting with the executive director and the users; facilitation of contractual basis
Web *Web* http://www.bremer-kriminal-theater.de

[k] [ ] [ ] [ ] [ ] [ ]

AUSSERHALB

Auf dem Gelände an der Neustädter Wasserlöse fand eine dreimonatige kreative Bespielung statt. Die Grundpfeiler bildeten drei Kunstausstellungen in Kooperation mit der Hochschule für Künste Bremen. Dazu kam ein wöchentliches Programm mit Freiluftkino, Spieleabenden, Musikveranstaltungen mit monatlichen Highlights wie Theateraufführungen, Kinderkino und Workshops. Es bestand eine enge Kooperation mit der nahegelegenen Unterkunft für Geflüchtete.

Creative events took place on the grounds of Neustadt's Wasserlöse for three months. Three art exhibitions in cooperation with the University of the Arts Bremen formed the framework, and were supplemented by a weekly program with an outdoor cinema game evenings, music events and monthly highlights such as theater performances, a children's cinema and workshops. A close cooperation developed with the nearly hostel for refugees.

Ort *Site* Gelände an der Neustädter Wasserlöse (Bach), zwischen der Senator-Apelt-Straße und der B 281, 28197 Bremen-Woltmershausen *Grounds of Neustadt's Wasserlöse, between Senator-Apelt-Straße and the B 281, 28197 Bremen-Woltmershausen*
Zeitraum *Time Frame* 10.7.2016 bis *to* 30.9.2016
Organisation *Organisation* Organisationsteam Außerhalb *Organizer Team Außerhalb*
EigentümerIn *Owner* Privat *Private*
ZZZ-Einsatz *ZZZ Workload* Gespräche im Vorfeld; Suche nach geeigneten Veranstaltungsflächen; Anfertigung von Lageplan und Fluchtplan; Begehung mit der Feuerwehr; Unterstützung mit 2 900 € ZZZ-Projektmitteln *Discussions in the preliminary stage; search for suitable event areas; production of a site plan and an emergency escape plan; site inspection with the fire department; funding with € 2 900 in ZZZ project resources*
Web *Web* http://www.unterhalb.org

[k] [s] [ ] [ ] [ ] [ ]

»Außerhalb«: Ein Ort abseits des Alltags
"Außerhalb:" A place outside everyday life © Kristina Kaysen

DKP DIE KOMPLETTE PALETTE

Auf dem BAY-WATCH-Gelände am Hemelinger Hafen entstand durch den Rapper Flowin ImmO eine mobile Bühne aus Paletten. Diese mobile Bühne kann für Konzerte und elektronische Musikveranstaltungen genutzt werden und diente SchülerInnen für ihren Auftritt, nachdem sie in einem Workshop gemeinsam mit Flowin ImmO an ihrer Musik gearbeitet hatten. In den kommenden Jahren wird DKP an neuer Stelle wieder aufgebaut werden.

The rapper Flowin ImmO built a mobile stage out of paletts on the BAY-WATCH grounds at Hemlinger Hafen. This mobile stage can be used for concerts and electronic music events and served as a stage for students who were working on their music in a workshop in collaboration with Flowin ImmO. The DKP will be set up at a new site in coming years.

Ort *Site* Werrahafen, Arberger Hafendamm 17, 28309 Bremen-Hemelingen
Zeitraum *Time Frame* 4.6.2016 bis *to* 4.9.2016
Organisation *Organization* Flowin ImmO
EigentümerIn *Owner* Städtisch *Municipal*: Bremenports GmbH & Co. KG
ZZZ-Einsatz *ZZZ Workload* Gespräche im Vorfeld; Anfertigung von Fluchtplänen, Begehung mit der Feuerwehr und StatikerInnen; Unterstützung mit 1000 € ZZZ-Projektmitteln
Discussions in the preliminary stage; development of emergency escape plans, site inspection with the fire department and structural engineers; funding with € 1 000 in ZZZ project resources
Web *Web* http://www.dkp.online

[k]   [s]   [ ]   [ ]   [ ]   [ ]

AUSWÄRTSSPIEL:BLUMENTHAL

Unter der Fragestellung »Wie wollen wir leben?« startete das Theater Bremen im Sommer 2016 sein AUSWÄRTSSPIEL:BLUMENTHAL. In Bremens nördlichstem Stadtteil wurden diverse Leerstände und Locations Bestandteil von Inszenierungen, Veranstaltungen und Aufführungen. Die ZZZ begleitete die Suche nach Leerständen und AnsprechpartnerInnen.

In summer 2016, the Theater Bremen launched its AUSWÄRTSSPIEL:BLUMENTHAL with the question "How do we want to live?" Various vacant spaces and locations in Bremen's northernmost district became part of productions, events and performances. The ZZZ accompanied them in their search for vacant spaces and contact persons.

Ort *Site* Diverse Leerstände, 28779 Bremen-Blumenthal *Various vacant spaces*
Zeitraum *Time Frame* 3.6.2016 bis *to* 12.6.2016
Organisation *Organization* Theater Bremen, QUARTIER gGmbH, ZZZ und viele weitere KooperationspartnerInnen *Theater Bremen, QUARTIER gGmbH, ZZZ and numerous further cooperation partners*
EigentümerIn *Owner* Städtisch: WFB Wirtschaftsförderung Bremen, Immobilien Bremen *Municipal: WFB Bremen Office for Economic Development, Immobilien Bremen*
Privat: diverse EigentümerInnen *Private: various owners*
ZZZ-Einsatz *ZZZ Workload* Diverse Gespräche und Raumbegehungen; Vermittlung von leer stehenden Räumen; Beiratstreffen, wöchentlicher Jour Fixe in Blumenthal, Vorstellungen der Idee im Ortsamt *Various discussions and site inspections; facilitation of vacant spaces; advisory council meetings, weekly jour fixe in Blumenthal; presentations of the idea to the local authorities*
Web *Web* http://www.theaterbremen.de/de_DE/spielplan/auswaertsspiel-blumenthal.1091909

[k]   [ ]   [ ]   [ ]   [ ]   [ ]

BLUMENBANK

Lokale Ökonomie in Blumenthal inszeniert: Im Rahmen des Theaterfestivals AUSWÄRTSSPIEL:BLUMENTHAL wurde ein Ladenleerstand von der ZWISCHENZEITZENTRALE in eine temporäre Bankfiliale umgewandelt. Als neue Währung wurde der »Blumentaler« eingeführt. Diese konnten fortlaufend durch gemeinnützige Tätigkeiten bei Mitarbeit im Quartier verdient und ausgegeben werden. Diverse Veranstaltungen belebten den als Bank inszenierten Leerstand: AkteurInnen bestehender lokaler und regionaler Ideen der Gemeinwesensökonomie stellten sich vor.

Local economy in Blumenthal: The ZWISCHENZEITZENTRALE turned a vacant retail space into a temporary bank branch within the scope of the theater festival AUSWÄRTSSPIEL:BLUMENTHAL. A new currency was introduced: the "Blumentaler," which could be earned by engaging in community service and spent in the neighborhood. Various events enlivened the vacant retail space which was staged as a bank: representatives of existing local economy projects from the area introduced themselves.

Ort *Site* Kapitän-Dallmann-Straße 3, 28779 Bremen-Blumenthal
Zeitraum *Time Frame* 3.6.2016 *to* 12.6.2016
Organisation *Organization* ZZZ
EigentümerIn *Owner* Privat *Private*
ZZZ-Einsatz *ZZZ Workload* Konzeption und Durchführung des Projekts »Blumenbank«; Kontakt zur Eigentümerin; Vor-Ort-Büro während des Theaterfestivals Auswärtsspiel:Blumenthal; Unterstützung mit 1500 € ZZZ-Projektmitteln, Akquise weiterer Mittel
Concept and implememtation of the Blumenbank project; contact with the owner; in situ office during the theater festival Auswärtsspiel: Blumenthal; funding with € 1500 in ZZZ project resources; acquisition of additional resources
Web *Web* http://www.zzz-bremen.de/eine-tempor-re-blumenbank-lokale-konomie-in-blumenthal-inszeniert-30-05-2016-bis-12-06-201/

Die ZZZ ist Finalist 2016 des Nordwest Awards der Metropolregion Nordwest
The ZZZ is a finalist for the 2016 Northwest Award by the Metropolitan Region Northwest

[k]   [s]   [ ]   [ ]   [i]   [ ]

Lokale Währung: Das Blumengeld der Blumenbank
Local currency: The Blumenbank's Blumentalers © Daniel Schnier

JAHRESAUSSTELLUNG HFK BREMEN

Im leer stehenden Rathaus in Bremen-Blumenthal zeigte die Hochschule der Künste Bremen die Abschlussarbeiten der AbsolventInnen der Studiengänge Digitale Medien und des Integrierten Designs. Im Rahmen der Ausstellungseröffnung wurde der Frese-Design-Preis für herausragende Abschlussarbeiten vergeben.

The University of the Arts Bremen presented the final projects by graduates of the Digital Media and Integrated Design course at the vacant city hall in the Blumenthal district of Bremen. The Frese Design Prize for outstanding final projects was awarded within the scope of the exhibition opening.

Ort *Site* Landrat-Christians-Straße 107/109, 28779 Bremen-Blumenthal
Zeitraum *Time Frame* 1.7.2016 bis *to* 3.7.2016
Organisation *Organization* HfK Bremen *University of the Arts Bremen*
EigentümerIn *Owner* Städtisch *Municipal*: Immobilien Bremen
ZZZ-Einsatz *ZZZ Workload* Begehungen verschiedener Orte; Herstellung des Kontakts zum Ortsamt Bremen-Blumenthal; Unterstützung mit 2 600 € ZZZ-Projektmitteln
Various site inspections; establishment of contact with the Bremen-Blumenthal local authorities; funding with €2 600 in ZZZ project resources
Web *Web* http://www.hfk-bremen.de/en/node/24745

[k]   [ ]   [ ]   [ ]   [i]   [ ]

FREIRAD

In zwei Räumen im Erdgeschoss des WURST CASE in Hemelingen eröffnete die AWO Bremen mit Unterstützung der ZZZ eine Fahrradselbsthilfewerkstatt. Das Angebot richtet sich insbesondere an alle StadtteilbewohnerInnen mit und ohne Fluchthintergrund. Ziel ist es, die Mobilität der Geflüchteten zu unterstützen und Hilfe zur Selbsthilfe bei der Fahrradreparatur zu geben.

With the support of the ZZZ, the AWO Bremen (workers welfare association) opened a bicycle self-help workshop in two spaces on the ground floor of WURST CASE in Hemelingen. It catered in particular to neighborhood residents both with and without a refugee background. Its goal is to support the mobility of refugees and help people to help themselves in repairing bicycles.

Ort *Site* Wurst Case, Zum Sebaldsbrücker Bahnhof 1, 28309 Bremen-Hemelingen
Zeitraum *Time Frame* 1.5.2016 bis *to* 31.12.2016
Organisation *Organization* AWO Bremen, ZZZ
EigentümerIn *Owner* Privat *Private*: Könecke Wurstwarenfabrik GmbH & Co KG
ZZZ-Einsatz ZZZ Workload Diverse Gespräche mit den KooperationspartnerInnen; Raumbegehungen; Unterstützung mit 500 € ZZZ-Projektmitteln
Various discussions with the cooperation partners; site inspections; funding with € 500 in ZZZ project resources
Web *Web* https://www.facebook.com/freiRadBremen/

[ ]   [s]   [ ]   [ ]   [ ]   [ ]

Das Team der ZZZ ZwischenZeitZentrale Bremen
The ZZZ ZwischenZeitZentrale Bremen team © Cathrin Eisenstein

OLIVER HASEMANN
(*1975) lebt in Bremen und ist Dipl.-Ing. Raumplanung. Er studierte an der Universität Dortmund und der Universidade de Aveiro in Portugal. Gemeinsam mit Daniel Schnier gründete er 2006 das Autonome Architektur Atelier, das Urbane Spaziergänge und temporäre Projekte in Bremen initiiert und begleitet. Seit 2009 setzt er die ZZZ ZwischenZeitZentrale Bremen um.

DANIEL SCHNIER
(*1977) lebt in Bremen und ist Dipl.-Ing. Architektur. Er studierte an der Hochschule Bremen Architektur, im Anschluss an der Universität Bremen Kunst- und Kulturwissenschaften. Im Juli 2006 initiierte er das Autonome Architektur Atelier. Er ist Mitverantwortlicher des Bremer Leerstandsmelders. Seit 2009 setzt er die ZZZ ZwischenZeitZentrale Bremen um.

ANNE ANGENENDT
(*1987) lebt in Bremen und ist M.A. Kunst- und Kulturvermittlung. Sie studierte an der Universität Bremen und der Universität Wien. In ihrer Thesis erforschte sie künstlerische Formate zur Stadtvermittlung. 2011 initiierte sie den Verein Kultur im Bunker e.V., der seitdem einen Hochbunker für die Öffentlichkeit zugänglich macht. Seit 2015 arbeitet sie für das Autonome Architektur Atelier.

SARAH OSSWALD
(*1978) lebt in Berlin und ist Stadtgeographin. Sie war Initiatorin des Berliner Zeltplatzes Tentstation (2006–2011). Seit 2009 arbeitet sie projektbezogen bei der ZZZ. Sie ist Mitverantwortliche des Berliner Leerstandsmelders. Seit 2016 unterstützt sie den Vorstand der Hermann-Henselmann-Stiftung und beschäftigt sich als Mitarbeiterin der asum Berlin mit Fragen der sozialen Stadtentwicklung.

OLIVER HASEMANN
(*1975) lives in Bremen and is a graduate engineer of spatial planning. He studied at the University of Bremen and the Universidade de Aveiro in Portugal. In 2006, he and Daniel Schnier founded the Autonome Architektur Atelier, which initiates and supervises urban walks and temporary projects in Bremen. He has been implementing the ZZZ Zwischen-ZeitZentrale Bremen since 2009.

DANIEL SCHNIER
(*1977) lives in Bremen and is a graduate engineer of architecture. He studied architecture at the Bremen University of Applied Sciences, after which he studied art and cultural science at the University of Bremen. He initiated the Autonome Architektur Atelier in July 2006, and is jointly responsible for Bremen's Leerstandmelder. He has been implementing the ZZZ ZwischenZeitZentrale Bremen since 2009.

ANNE ANGENENDT
(*1987) lives in Bremen and has an M.A. in art and cultural education. She studied at the University of Bremen and the University of Vienna. She investigated artistic formats for urban education in her thesis. She initiated the association Kultur im Bunker e.V. in 2011, which has since made a high-rise bunker accessible to the public. She has worked for the Autonome Architektur Atelier since 2015.

SARAH OSSWALD
(*1978) lives in Berlin and is an urban geographer. She was the initiator of Berlin's campsite Tentstation (2006–11). She has been doing project-related work for the ZZZ since 2009. Oßwald is jointly responsible for Berlin's Leerstandmelder. She has been supporting the board of the Hermann Henselmann Foundation since 2016 and is a staff member at asum Berlin, where she deals with issues related to social urban development.

BUILDING PLATFORMS
Entstehungsorte schaffen

© 2017 jovis Verlag GmbH

Das Copyright für die Texte liegt bei den AutorInnen. Das Copyright für die Abbildungen und Grafiken liegt bei den FotografInnen/InhaberInnen der Bild- und Grafikrechte. Das Copyright für die Buch- und Umschlaggestaltung liegt bei der Gestalterin.
Texts by kind permission of the authors. Pictures and diagrams by kind permission of the photographers/holders of the picture rights. The graphic artists owns the copyright for the book and cover design.

Alle Rechte vorbehalten. *All rights reserved.*

Herausgeber *Editor*
ZZZ ZwischenZeitZentrale Bremen, http://www.zzz-bremen.de
Die ZwischenZeitZentrale Bremen ist ein Projekt der Freien Hansestadt Bremen.
Die Projektträger sind der Senator für Wirtschaft, Arbeit und Häfen, der Senator für Umwelt, Bau und Verkehr und die Senatorin für Finanzen sowie die stadteigenen Gesellschaften Immobilien Bremen (IB) und Wirtschaftsförderung Bremen (WFB). Die ZZZ wird von der AAA GmbH umgesetzt.
The ZwischenZeitZentrale Bremen is a project by the Free Hanseatic City of Bremen.
The project is sponsored by the Senator of Economic Affairs, Labor and Ports; the Senator of the Environment, Urban Development and Mobility; the Senator of Finances, and the city-owned companies Immobilien Bremen (IB) and Wirtschaftsförderung Bremen (WFB). The ZZZ is implemented by the AAA GmbH.

Inhaltliche Konzeption, Koordination und Redaktion
Conception, Coordination, Editing
Oliver Hasemann, Daniel Schnier, Anne Angenendt, Sarah Oßwald

Umschlagmotiv, Gestaltung, Satz und Lithographie
Cover, Design, Setting and Lithography
Silke Nachtigahl, Bremen, http://www.nachtigahl.de

Lektorat *Copy-editing*
Miriam Seifert-Waibel, Hamburg

Korrektorat *Proof-reading*
Anika Grabenhorst, Bremen

Übersetzung *Translation*
Dr. Mary H. Dellenbaugh, Berlin
Rebecca van Dyck, Hannover

Gedruckt in der EU *Printed in the EU*

Bibliografische Information der Deutschen Nationalbibliothek
Bibliographic information published by the Deutsche Nationalbibliothek
Die Deutsche Nationalbibliothek verzeichnet diese Publikation in der Deutschen Nationalbibliografie;
detaillierte bibliografische Daten sind im Internet über http://dnb.d-nb.de abrufbar.
*The Deutsche Nationalbibliothek lists this publication in the Deutsche Nationalbibliografie; detailed
bibliographic data are available online at http://dnb.d-nb.de*

jovis Verlag GmbH
Kurfürstenstraße 15/16
10785 Berlin

http://www.jovis.de

jovis-Bücher sind weltweit im ausgewählten Buchhandel erhältlich. Informationen zu unserem
internationalen Vertrieb erhalten Sie von Ihrem Buchhändler oder unter www.jovis.de.
*jovis books are available worldwide in select bookstores. Please contact your nearest bookseller or visit
www.jovis.de for information concerning your local distribution.*

ISBN 978-3-86859-450-8

Danke
Thanks